TABLEAUX

SYNOPTIQUES,

CHRONOMÉTRIQUES

ET SYNCHRONIQUES,

POUR SERVIR A L'ÉTUDE DE

L'HISTOIRE GÉNÉRALE,

DEPUIS L'AN 2000 AVANT JÉSUS-CHRIST JUSQU' À NOS JOURS

PAR SIMON DURANT,

ANCIEN ÉLÈVE DE L'ÉCOLE POLYTECHNIQUE

PARIS,

IMPRIMERIE DE FIRMIN DIDOT FRÈRES ET Cⁱᵉ,

RUE JACOB, Nᵒ 56.

M DCCC XXXVI.

TABLEAUX

SYNOPTIQUES,

CHRONOMÉTRIQUES

ET SYNCRONIQUES.

TABLEAUX

SYNOPTIQUES,

CHRONOMÉTRIQUES

ET SYNCHRONIQUES,

POUR SERVIR A L'ÉTUDE DE

L'HISTOIRE GÉNÉRALE,

DEPUIS L'AN 2000 AVANT JÉSUS-CHRIST JUSQU'A NOS JOURS.

PAR SIMON DURANT,

ANCIEN ÉLÈVE DE L'ÉCOLE POLYTECHNIQUE.

OUVRAGE ADOPTÉ PAR L'UNIVERSITÉ.

PARIS,

IMPRIMERIE DE FIRMIN DIDOT FRÈRES,

RUE JACOB, N° 56.

M DCCC XXXVII.

INTRODUCTION.

L'histoire est un grand retour sur le passé; c'est la continuation purement énonciative des rapports de cette immense progression sociale dont chaque siècle forme des séries; étude immense, infinie..... Dieu seul en connaît les deux extrêmes.

L'historien doit seulement poser les faits dans leur ordre, dans leur durée et dans leur primitive simplicité. Chaque homme doit ensuite chercher à les connaître pour en saisir les rapports intermédiaires les plus palpables et les plus utiles. Ainsi, pour que l'histoire soit exacte et croyable, il faut que ces rapports soient simples, géométriques, et

considérés comme fonction nette et précise de la *durée* des événements passés, et de l'*ordre* dans lequel ils se sont écoulés.

L'histoire, dit *Petit-Radel*, ne devrait comprendre que les énoncés les plus sommaires des choses mémorables et des actions héroïques ou nationales qui, de tout temps, ont dû fixer l'attention générale, et subir la contradiction continuelle de l'examen public. Plus l'histoire des temps passés nous arrive simple et dépouillée de circonstances et d'intérêts, et plus aussi nous doit-elle inspirer de confiance. Car, dans les histoires détaillées où les circonstances se multiplient, chaque historien veut mettre à les enchaîner tout l'art dont il se croit doué. Pour lui, c'est plutôt une affaire d'esprit, de nouveauté, qu'un jugement sévère, impartial. Un prince était généreux, il le fait magnanime; il était courageux, il en fait un héros, un dieu. Il n'est pas une seule nation, dont on ait tracé l'histoire, qui n'ait une origine plus ou moins fabuleuse. Dans ces grands bouleversements des empires, les faits incroyables et les aventures merveilleuses ont divinisé les héros: les exploits d'Hercule le mettent au rang des dieux; Alexandre est fils de Jupiter; et, dans des temps bien plus rapprochés de nous, *Frédégaire* raconte sérieusement que Mérovée naquit d'un dieu marin et de la reine épouse de Clodion. Souvent aussi la flatterie et l'intérêt s'érigent en historiens. Clovis fut un chef auda-

cieux pour qui tous les crimes étaient bons s'ils pouvaient servir son ambition. Le clergé le favorisa, l'approuva, le sanctifia, et Grégoire de Tours, oubliant que près d'un siècle avant l'arrivée des Francs dans les Gaules, le roi de Bourgogne et d'autres étaient chrétiens, donne à Clovis le surnom de *premier roi chrétien !!!*

C'est ainsi que presque tous les historiens prêtent aux actions des hommes célèbres des intentions qui ne sont pas exprimées dans les sources; c'est ainsi que se commettent les anachronismes moraux.

Les opinions des hommes sont infinies; les concentrer est impossible. Laissez donc les idées se former, se développer d'elles-mêmes, et ne donnez pas les impressions que vous sentez comme des causes certaines, comme des faits inséparables de la véritable connaissance des événements. Ce n'est pas qu'il suffise de ne voir dans les actions des hommes que des mouvements extérieurs et purement physiques; il faut aussi, non-seulement apprécier ces actions par leurs rapports moraux, sans lesquels l'histoire se trouve dépourvue d'intérêt et d'utilité, mais il faut encore que chaque homme puisse trouver lui-même ces rapports.

Tout le monde connaît ce trait de la vie d'Alexandre : son médecin lui présente un breuvage de mauvais goût; il l'avale d'un seul trait, sans hésiter, sans marquer la moindre répugnance. Eh bien,

comment doit-on juger le fait? est-ce courage, intrépidité? n'est-ce qu'une téméraire extravagance?...
Donnez à penser aux hommes, laissez-les chercher;
et s'ils ne trouvent pas ce qu'il y a de sublime, s'ils
demandent à le savoir, répondez comme J. J. Rousseau : « Infortunés! s'il faut vous le dire, comment
« le comprendrez-vous? C'est qu'Alexandre croyait
« à la vertu; c'est qu'il y croyait sur sa tête, sur sa
« propre vie; c'est que sa grande âme était faite pour
« y croire. »

L'histoire ne fut d'abord composée que d'annales
simplement rédigées; ses premières pages furent des
tables où étaient exposés publiquement les sommaires historiques de chaque localité. Elle ne commença à prendre un ton plus élevé que dans les
écrits d'*Antipater*. Peu à peu, chaque nation eut
ses chroniques; mais comment pouvoir réunir tous
ces mémoires épars? Ceux qui ont été publiés *seulement* sur l'histoire de France sont innombrables,
sans parler des mémoires manuscrits dont le nombre est bien plus considérable encore.

Il fallait, dans le but de l'instruction historique,
réunir dans un cadre plus resserré, et plus à la portée de toutes les classes de la société et de toutes les
intelligences, les faits les plus simples, les plus authentiques et les plus remarquables des temps passés;
il fallait faire concourir l'exactitude de la géométrie
à l'étude sévère de l'histoire; il fallait enfin com

prendre les besoins matériels et les tendances morales de l'époque, qui rendent indispensables les développements du mode d'enseignement. Nous avons essayé d'atteindre ce but en mettant au jour nos *Tableaux chronologiques*.

Il ne suffit pas d'entasser dans un seul volume toutes les dates, tous les noms, toutes les actions des hommes; la mémoire s'égare; en tournant le feuillet on oublie les pages qui précèdent; les événements s'effacent sous l'impression d'événements nouveaux; tout passe, on ne peut rien saisir ni se faire une idée exacte dans cette immense revue; rien n'émeut, parce qu'on est toujours en dehors de l'enceinte où se joue le grand drame où des peuples s'égorgent, où des empires entiers s'écroulent.

Dans un livre, toutes les nations semblent marcher d'un pas égal, tous les faits chronologiques se succéder régulièrement et sans interruption; tous ces faits semblent être à la porte de leur siècle. Il ne suffit donc pas d'écrire, il faut peindre cette grande marche des siècles passés. Il faut voir défiler chaque nation devant soi avec son enfance et sa vieillesse, son éclat ou sa barbarie; il faut voir de ses propres yeux ces interruptions, ces grands vides où rien ne brille, tous ces peuples qui passent, et chaque peuple avec ses pleurs et ses joies, ses crimes et ses vertus, sa honte ou sa gloire, sa prospérité, sa ruine, ses chaînes et sa liberté, chaque siècle

avec sa bannière. Il ne suffit pas de lire isolément l'histoire de chaque pays, il faut embrasser d'un seul trait l'histoire du monde entier.

Et qu'on ne s'imagine point que pour observer un homme et l'étudier, il soit nécessaire de l'isoler; au contraire, il faut voir l'homme dans la multitude pour mieux juger et de ses proportions et de sa taille; il faut le voir coudoyé, heurté, froissé par les hommes et les événements, pour apprécier sa contenance; il faut grouper autour de lui tous les rapports connus des événements passés, l'entourer de ses œuvres et de ses contemporains, pour trouver sa véritable valeur historique.

Sous David et Salomon, ses premiers rois, Israël était puissant; il devient faible sous Achab et Jézabel, et se livre à l'impiété.

La Grèce fut esclave sous Philippe, libre et puissante par son génie et ses victoires sous Thémistocle et Périclès.

Le peuple romain n'était pas aussi fier sous les empereurs que sous les consuls.

La France, faible sous Charles IX et Henri III, livrée au fanatisme, aux guerres civiles, à l'ambition effrénée des grandes familles, sort de ses affreuses convulsions, quitte son deuil, ses misères, et vient, brillante et pompeuse, assister aux fêtes de Louis XIV, au grand siècle de l'esprit humain. Elle s'énerve sous le règne dissolu de Louis XV, se ré-

veille et se retrempe à la révolution de 1789, s'enivre de gloire sous l'empire, lutte ensuite contre les tendances à un mouvement rétrograde, et finit par conquérir sa liberté.

Voilà des changements mémorables que la suite des temps a faits dans le monde; il faut donc apprendre à distinguer ces temps, afin de ne pas représenter les hommes comme ayant tous vécu sous la même influence, comme ayant tous agi sous la même loi.

Pour connaître toutes ces modifications du genre humain, il faut avoir lu nécessairement l'histoire particulière de chaque nation; mais après cette longue série de volumes, de commentaires, tout se mêle et se confond. C'est pour éviter cette confusion, c'est pour mettre de l'ordre dans les époques principales de l'histoire, qu'il nous a paru utile de représenter distinctement, mais en raccourci, toute la suite des siècles.

On sait que la géographie et la chronologie sont les deux yeux de l'histoire. Or, la chronologie, selon Bossuet, est, à l'égard des histoires de chaque pays et de chaque peuple, ce qu'une carte générale est à l'égard des cartes particulières. Ainsi, les histoires particulières représentent la suite des choses qui sont arrivées à un peuple dans tout leur détail; mais, afin de tout entendre, il faut savoir le rapport que chaque histoire peut avoir avec les autres; ce

qui se fait par un abrégé où l'on voit d'un coup d'œil tout l'ordre des temps. Tel a été le but de nos tableaux.

La chronologie, dit enfin M. Champollion, considérée dans son application spéciale à l'histoire en général, a pris depuis assez longtemps la place éminente qui lui appartient dans cette étude importante, pour que l'on puisse s'abstenir d'exposer ici, après tant d'autres écrivains, son indispensable nécessité; elle porte la lumière dans les obscurités de l'antiquité, elle débrouille le chaos des événements qui se sont succédé sur le globe depuis qu'il est habité, met à sa véritable place chaque chose et chaque personnage dont l'influence a agi sur les destinées de la société humaine ou de ses fractions diverses, révèle sur les origines des peuples leur véritable généalogie, l'époque des institutions mémorables qui modifièrent si diversement leurs mœurs publiques ou leurs coutumes particulières; fixe l'époque de toutes les créations, de celles du génie des sciences comme de celles du génie des arts, la date des monuments publics, enfin celle des faits avérés qui intéressent, soit une nation, une famille, un homme, soit un empire ou un hameau, les plus grands intérêts sociaux comme la moindre action individuelle.

Frappé de l'importance de ces résultats, guidé, encouragé par les lumières et les soins empressés de M. Champollion, nous avons fait nos efforts pour

donner une chronologie *synoptique,* débarrassée de tout système, en nous attachant à suivre pour chaque fait le témoignage des monuments, celui des auteurs les plus véridiques, et les idées historiques du siècle.

Ce grand tableau des époques principales de l'Histoire universelle est divisé en deux parties : la première comprend une période de deux mille ans, antérieure à l'ère chrétienne ; la seconde commence à la naissance de Jésus-Christ, et se prolonge jusqu'à nos jours.

Nous y avons joint, pour chacune de ces parties, une table où l'on trouvera par ordre alphabétique tous les personnages véritablement historiques, et les faits les plus utiles pour la connaissance de l'histoire générale ; nous avons mis en regard de chaque fait et de chaque personnage son siècle respectif, de sorte qu'un nom étant pris isolément dans la table, on pourra, d'après le chiffre du siècle, le trouver facilement sur le *Tableau,* l'étudier dans la multitude, à sa véritable place, voir quels furent ses contemporains et les faits les plus mémorables de son siècle.

Dans le système que nous avons adopté, un décimètre représente un siècle, et chaque siècle est divisé en dix centimètres, chaque centimètre renfermant dix ans ; de manière qu'à la rigueur on pourrait sans aucun chiffre trouver avec le compas

la véritable longueur numérique de la vie d'un
homme; mais pour plus de facilité nous avons écrit
le chiffre qui tombe entre deux centimètres consé-
cutifs. Veut-on savoir, par exemple, la naissance, le
règne et la mort de *Saül?* On trouve dans la table
alphabétique, en regard du nom, le siècle XI; on se
reporte dans le tableau au siècle indiqué, et on suit
la ligne de Saül de droite à gauche; la ligne hori-
zontale s'arrêtant juste à la ligne verticale, on re-
monte cette dernière ligne, on trouve 20 au-dessus,
et on voit que Saül est né l'an 1120, qu'il a été roi
l'an 1080, et qu'il est mort l'an 1040 (avant Jésus-
Christ); il a donc vécu 80 ans et en a régné 40,
étant devenu roi à l'âge de 40 ans.

Quand la ligne a différentes épaisseurs, comme
celle d'*Auguste*, ces épaisseurs indiquent alors de
grands changements. *Octave* naquit l'an 63; il fut
triumvir l'an 43 avec *Antoine* et *Lépide*, mais, plus
ambitieux, plus heureux ou plus habile que ses deux
rivaux, il est vainqueur l'an 31 à la bataille d'*Actium*, *empereur* et seul maître du monde avec le
titre d'*Auguste*.

Monter sur le trône à vingt ans, conquérir la
Thrace, l'Illyrie, soumettre la Grèce, détruire
Thèbes, vaincre Darius sur les bords du Granique,
et envahir toute l'Asie Mineure, réduire Tyr, Gaza,
la Judée, l'Égypte, pénétrer jusque dans la Libye
et s'y faire déclarer fils de *Jupiter-Ammon*; encore

vaincre Darius et devenir maître de toute la Perse,
attaquer et battre les Scythes, les Indiens, et revenir
enfin à Babylone le plus grand, le plus glorieux de
tous les rois, rien désormais n'étant plus digne de
sa grande âme dans un monde si petit pour lui :
telle est la carrière prodigieuse d'*Alexandre*.

Eh bien, réduite à sa plus simple expression, la
vie du plus grand, du plus glorieux de tous les rois,
est représentée par trente-deux millimètres, et son
règne si merveilleux par douze millimètres.

Nous avons divisé notre *Tableau* en quatre bandes
horizontales : la première en *blanc* pour la politique,
la seconde en *bleu* pour les lettres, la troisième en
rouge pour les sciences, et la quatrième en *vert*
pour les arts. Dans la politique, nous avons mis
tout ce qui s'y rapporte, rois, héros, guerriers,
publicistes, hommes d'État ; batailles, traités de
paix, fondation et destruction des villes et des empires. Les batailles sont figurées par *deux épées en
croix*, les combats sur mer par une *ancre*, les traités de paix par *deux plumes*, les conciles par *deux
crosses*.

Au moyen de cette disposition, on pourra se faire
d'un coup d'œil une idée nette, positive et philoso-
phique de chaque siècle. Cherchons sur le *Tableau*
le siècle de *Périclès*, par exemple; nous y voyons
que la Grèce domine d'abord sur tous les autres
peuples par la puissance de sa valeur : voilà Pausa-

nias à Platée! Miltiade à Marathon! Thémistocle à
Salamine! Léonidas aux Thermopyles!!! Puis, nous
voyons l'astre éclatant de son génie monter à l'hori-
zon, d'abord doux et mystérieux avec Épiménide,
Alcée et Sapho, s'avancer et lancer majestueusement
tous ses rayons d'inspiration divine avec Eschyle,
Corinne et Pindare, Euripide et Sophocle, embra-
ser avec Eschine et Démosthène..... Tout à coup sa
révolution s'opère, ses rayons s'inclinent, tout devient pâle et s'efface pour la Grèce naguère si brillante et si fière...... Où sont Hippocrate et Méton?
Phidias et Zeuxis? Ictinus et Callicrate? Le Parthénon seul survit à tous, et nous reste encore comme
le résumé matériel, mais sublime, de ce grand siècle
qui n'est plus.

Les hommes, les siècles viennent, passent et se
succèdent avec des noms, des mœurs, des usages
différents, avec des conditions nouvelles d'existence.

De tous les royaumes qui se forment des débris
de cette immense monarchie d'*Alexandre*, l'Égypte
seule s'affermit et devient tranquille et puissante
sous les Ptolémées, et la *Pléiade* d'Alexandrie jette
encore de brillants reflets dans cette nuit qui a
désormais succédé aux beaux jours de la Grèce. La
Grèce a passé, l'Égypte s'en va, mais depuis longtemps Rome s'est levée; elle a grandi dans l'ombre,
elle est maintenant forte et puissante : A moi! s'est-
elle écriée, et l'univers a frémi; voilà ses faisceaux,

ses licteurs, ses consuls, ses victoires et ses tro-
phées ; tout est prêt, le Capitole bâti, Carthage
ruinée...... le monde entier sera son empire.......
Le siècle d'Auguste a remplacé le siècle de Périclès.

On peut voir ainsi la marche progressive et la
succession des empires, des arts, des sciences et des
lettres. Ce qui peut encore intéresser dans ce tableau, c'est de rencontrer dans le même siècle, les
uns sous les autres, des noms, des faits qui n'ont eu
peut-être entre eux aucun rapport, aucune analo-
gie. Ainsi, on rencontre dans le vingtième siècle
(avant Jésus-Christ) Jacob et Inachus, dans le dix-
septième Moïse et Cécrops, dans le seizième Cadmus et Josué, dans le quatorzième Hercule et Gédéon, Abimelech et Thésée, dans le dixième Homère
et Élie, dans le neuvième Lycurgue, Athalie et Joas,
dans le sixième enfin Nabuchodonosor et Solon,
Ésope et Daniel, Anacréon et Confucius.

Si l'on voulait faire l'histoire de l'art par les monuments, on verrait que l'architecture chez les
Égyptiens fut, par ses pyramides, par ses temples,
par la solidité de ses masses et par ses proportions
gigantesques, plutôt étonnante qu'agréable. Chez
les Juifs, élèves de l'Égypte, les arts eurent de
l'éclat sous le règne de Salomon, et leur temple
passait pour une merveille ; mais ce fut surtout au
siècle de Périclès, et après les heureux essais de
l'école d'Égine, que l'architecture et la sculpture

s'élevèrent, avec le Parthénon, à cette noble simplicité, à cette élégance pure jusqu'alors inconnues. Sous les Ptolémées, les arts virent commencer leur décadence, et les grands monuments élevés par ces princes ne l'arrêtèrent pas.

Sous le règne d'Auguste, l'architecture produisit des ouvrages remarquables sur divers points de l'empire romain. Les relations étant déjà établies avec la Grèce, Agrippa fit bâtir le Panthéon, des aqueducs, des cirques; tout, jusque dans les habitations particulières, avait quelque chose d'*attique*.

Nous avons fait pour chaque siècle des recherches spéciales sur la littérature, parce que les périodes littéraires reflètent admirablement une époque; et comme la littérature est pour chaque peuple le miroir le plus fidèle de son caractère, de sa vie nationale et de sa situation morale, nous nous sommes attaché particulièrement à en donner toutes les illustrations; nous avons cherché à réunir tous les rayons épars de ce grand faisceau de lumière jusque dans ses moindres reflets, pour qu'il fût ensuite plus facile d'en retrouver sur le *Tableau* le véritable foyer.

Ce que nous avons dit pour les siècles antérieurs à Jésus-Christ pourrait se répéter d'une manière analogue pour la seconde partie; mais afin de rester fidèle à ce principe que les opinions des hommes sont infinies en fait d'histoire, et qu'il faut que

chacun puisse trouver lui-même les rapports de cette immense progression, nous laissons à l'esprit et au jugement de chacun le développement intellectuel, politique et moral, de la suite des siècles qui suivent la naissance de Jésus-Christ. Les réflexions qui précèdent sur les siècles antérieurs à l'ère chrétienne n'ont été émises que pour faire comprendre le but de nos tableaux.

Deux grands événements, l'invention de l'imprimerie et la découverte du nouveau monde, ayant donné une impulsion extraordinaire aux faits, aux lumières et à la civilisation, il nous a paru indispensable de donner un supplément au tableau des derniers siècles de notre époque.

LISTE

PAR ORDRE ALPHABÉTIQUE

DES HOMMES CÉLÈBRES

ET

DES ÉPOQUES PRINCIPALES

DE L'HISTOIRE GÉNÉRALE.

Première partie,

DEPUIS L'AN 2000 AVANT JÉSUS-CHRIST JUSQU'A JÉSUS-CHRIST.

HOMMES CÉLÈBRES.

A.

	SIÈCLES.
AARON, premier grand pontife des Juifs	XVII
ABIBAL, second roi de Tyr	XI
ABIMELECH, juge des Israélites	XIV
ABSALON, fils de David, roi des Juifs	XI
ACHILLE, héros au siége de Troie	XIII
ADAD, roi de Damas et de Syrie	XI
ADAREZER, roi de Sophène (Syrie)	XI
AETION, peintre grec	IV
AGAMEMNON, roi d'Argos et de Mycènes	XIII
AGÉNOR, sixième successeur d'Inachus à Argos	XVIII
AGÉSILAS II, roi de Sparte	IV

SIÈCLES.

AGIS IV, roi de Sparte.................................... III
AGRIPPA, général romain, favori d'Auguste. I
AJAX, héros au siége de Troie................... XIII
ALCAMÈNE, statuaire, élève de Phidias V
ALCÉE *de Mytilène*, poëte...................... VII
ALCIBIADE, général athénien................. V
ALEXANDRE *le Grand*, roi de Macédoine....... IV
AMENOPHIS III *ou Memnon*, roi d'Égypte....... XVII
AMOSIS, roi d'Égypte (xviii⁰ dynastie d'Égypte).. XIX
AMPHION, poëte et musicien.................. XVI
ANACHARSIS, philosophe scythe.............. VI
ANACRÉON, poëte grec........................ VI
ANAXAGORE, philosophe grec................. V
ANAXIMANDRE *de Milet*, philosophe.......... VI
ANAXIMÈNE *de Milet*, philosophe............ VI
ANDRONICUS *Livius*, poëte latin............. III
ANNIBAL, général carthaginois................ III
ANTHIPHON, orateur athénien................ V
ANTIGONE, général d'Alexandre.............. IV
ANTIOCHUS Ier *Soter*, roi de Syrie et de Babylone. III
ANTIOCHUS III *le Grand*, roi de Syrie et de Babyl.. III
ANTIPATER (*Cœlius*), historien latin........... II
ANTISTHÈNE, philosophe grec................. V
ANTOINE (*Marc*), triumvir, général romain...... I
ANTOINE (*Marc*), orateur romain............. II
APELLES, peintre grec....................... IV
PIS, roi de Sicyone......................... XX
APOLLONIUS, un des sept poëtes de la Pléiade
    d'Alexandrie............................ III
APOLLONIUS *de Perge*, géomètre............. II
APOLLONIUS *de Rhodes*, poëte grec.......... II
ARALIUS, roi d'Assyrie...................... XX
ARATUS, un des sept poëtes de la Pléiade d'Alexandrie III
ARBACE, roi des Mèdes...................... IX

SIÈCLES.

AGATHOCLE, tyran de Sicile....................   IV

ARCÉSILAS, philosophe péripatéticien..........   IV

ARCHÉLAUS *de Milet*, philosophe grec.........   V

ARCHILOQUE, poëte grec........................   VII

ARCHIMÈDE, géomètre, de Syracuse.............   III

ARCHYTAS, philosophe pythagoricien...........   IV

ARISTIDE, général athénien....................   V

ARISTARQUE, grammairien et critique, de Samos.   II

ARISTIPPE, philosophe grec....................   V

ARISTOMÈNE, général des Messéniens...........   VII

ARISTOPHANE, poëte comique grec..............   V

ARISTOTE, philosophe grec.....................   IV

ARIUS, roi d'Assyrie..........................   XX

ARMAMITHRIS, roi d'Assyrie....................   XIX

ARTAXERCE *Longue-main*, roi de Perse.........   V

ARTAXERCE *Mnémon*, roi de Perse..............   IV

ARTAXERCE III, roi de Perse...................   IV

ASPASIE, courtisane et sophiste, de Milet.....   V

ASSARADON *ou Asaridin*, roi d'Assyrie et de Babyl.   VII

ASSUÉRUS *ou Cyaxare*, roi des Mèdes..........   VII

ATHALIE, reine de Juda........................   IX

ATRÉE, roi d'Argos et de Mycènes..............   XIV

ATTICUS (*J. Pomp.*), chevalier romain........   I

AUGUSTE, empereur romain......................   I

B.

BÉLÉSIS, gouverneur de Babylone...............   IX

BELLOVÈSE, prince gaulois, général............   VI

BÉROSE, astronome et historien chaldéen.......   III

BIAS, un des sept sages de la Grèce...........   VI

BION, poëte grec, de Smyrne...................   III

BRENNUS, général gaulois......................   IV

BRUTUS, *Romain*, meurtrier de César..........   I

C.

	SIÈCLES.
CADMUS, roi de Thèbes	XVI
CADMUS *de Milet*, premier prosateur	VI
CALIDASA, poëte indien	I
CALIPPE, astronome grec	IV
CALLICRATES, architecte grec	V
CALLIMAQUE, poëte et littérateur grec	III
CALLISTHÈNE, philosophe et historien grec	IV
CAMBYSE, roi de Perse	VI
CAMILLE, général romain	IV
CARANUS, premier roi de Macédoine	IX
CARNÉADES *de Cyrène*, philosophe grec	II
CASSIUS *Longinus*, Romain, l'un des meurtriers de César	I
CASTOR, héros	XIII
CASTOR *de Rhodes*, chronologiste	II
CATILINA, sénateur romain	I
CATON (*Marc. Porcius*), le censeur, magistrat romain	II
CATON *d'Utique*, tribun romain	I
CATULLE, poëte latin	I
CÉCROPS, roi d'Athènes	XVII
CÉSAR (*Jules*), dictateur, premier empereur romain	I
CÉSARION, fils de César et de Cléopâtre	I
CHAROPS, premier archonte décennal à Athènes	VIII
CHERSIPHRON, architecte du temple d'Éphèse	VII
CHIRON, astronome et médecin	XIV
CICÉRON, consul et orateur romain	I
CIMON, général athénien	V
CINCINNATUS, consul romain	V
CINÉAS, philosophe et orateur grec	III
CLÉOBULE, un des sept sages de la Grèce	VI
CLÉOMÈNES, sculpteur athénien	II

SIÈCLES.

CLÉON, premier archonte annuel à Athènes........ VII
CLÉOPATRE, reine d'Égypte.................. I
CLÉOSTRATE *de Ténédos*, astronome grec........ VI
CODRUS, dix-septième et dernier roi d'Athènes ... XII
CONFUCIUS *ou Koung-Tsée*, philosophe chinois.. IV
CONON, général athénien.................... V
CORINNE, poëte, rivale et condisciple de Pindare. V
CORIOLAN, général romain.................. VI
CORNÉLIUS *Népos*, historien latin............. I
CRASSUS (*Marcus*), consul et triumvir......... I
CRÉSUS, dernier roi de Lydie............... VI
CTÉSIAS, médecin et historien grec............ IV
CURIUS *Dentatus*, consul romain.............. III
CYPSÉLUS, tyran de Corinthe................ VII
CYRUS *le Grand*, roi de Perse................ VI

D.

DANAÜS, roi d'Argos...................... XVI
DANIEL, un des douze grands prophètes........ VI
DARIUS, *fils d'Hystaspe*, roi de Perse........... VI
DARIUS II (*Nothus*), roi de Perse............. V
DARIUS III (*Codoman*), dernier roi de Perse..... IV
DAVID, prophète et second roi des Juifs......... XI
DÉDALE, artiste athénien.................... XIV
DÉMÉTRIUS *de Phalère*, philosophe grec........ II
DÉMOCRITE, philosophe grec................. V
DÉMOSTHÈNE, orateur athénien.............. IV
DÉNIS *d'Halicarnasse*, historien grec........... I
DENYS *l'ancien*, tyran de Syracuse............ IV
DENYS *le jeune*, tyran de Syracuse............ IV
DENYS *de Milet*, historien grec................ VI
DIDON à *Carthage*, reine.................... XIII
DIODORE *de Sicile*, historien grec............. I
DIOGÈNE, *le Cynique*, philosophe grec......... IV

SIÈCLES.

DIOMÈDE, roi d'Étolie (siége de Troie) XIII
DRACON, archonte et législateur des Athéniens . . . VII

E.

ÉLIE, prophète juif. X
ÉLISÉE, prophète juif. IX
EMPÉDOCLE, philosophe grec. V
ENDYMION, roi d'Élide XV
ÉNÉE, prince troyen. XIII
ENNIUS, poëte latin. III
ÉPAMINONDAS, général thébain. IV
ÉPICHARME, poëte et philosophe grec V
ÉPICURE, philosophe grec. IV
ÉPIMÉNIDE, poëte et philosophe crétois. VII
ÉRASISTRATE, médecin grec IV
ÉRATOSTHÈNE, phil. et astron. grec d'Alexandrie. III
ÉSAÜ, fils d'Isaac. XX
ESCHINE, orateur athénien. IV
ESCHYLE, poëte tragique grec. V
ESCULAPE, médecin. XIII
ÉSOPE, fabuliste grec, de Phrygie. VI
ESTHER, de la tribu de Benjamin, épouse d'Assuérus VI
ÉTÉOCLE, roi de Thèbes. XIV
EUCLIDE, mathématicien grec. III
EUDOXE *de Cnide*, astronome grec. IV
EUPHRANOR, peintre et sculpteur grec. IV
EURIPIDE, poëte tragique grec. V
ÉZÉCHIEL, prophète juif. VI

F.

FABIUS *Cunctator*, consul romain. III
FABIUS *Pictor*, historien romain. III
FABRICIUS, consul romain. III

G.

SIÈCLES.

GALLUS, poëte élégiaque latin.............. I
GÉDÉON, cinquième juge des Israélites......... XIV
GÉLON, roi de Syracuse.................. V
GRACCHUS (*Caïus*), tribun romain......... II
GRACCHUS (*Tiberius*), tribun romain.......... II

H.

HARPALUS, astronome grec.............. V
HAZAEL, roi de Syrie............... IX
HECTOR, héros troyen................ XIII
HÉLI, grand prêtre et juge des Juifs........... XII
HELLANICUS *de Mytilène*, historien.......... V
HÉRACLITE *d'Éphèse*, philosophe grec. V
HERCULE, héros, de Thèbes.............. XIV
HÉRODOTE, historien grec............. V
HÉROPHILE, médecin grec.............. IV
HÉSIODE, poëte grec................ X
HIPPARQUE, astronome grec............. II
HIPPARQUE, tyran d'Athènes............. IV
HIPPIAS, philosophe grec.............. V
HIPPOCRATE, médecin grec............. V
HIRAM, premier roi de Tyr............ XI
HOLOPHERNE, général de Nabuchodonosor Ier... VII
HOMÈRE, poëte grec................ X
HOMÈRE *fils de Milo,* un des sept poëtes de la
   Pléiade d'Alexandrie................. III
HORACE, poëte latin.............. I
HORATIUS *Coclès,* soldat romain........... VI
HORTENSIUS (Q.), orateur romain.......... I
HORUS, roi d'Égypte............... XVII
HYGIN, écrivain latin............... I

I.

SIÈCLES.

ICTINUS, architecte grec du Parthénon...........   V

IDOMÉNÉE, roi de Crète (siége de Troie).........   XIII

INACHUS, roi d'Argos.........................   XX

ISAAC, patriarche hébreu.....................   XX

ISAÏE, prophète juif.........................   VIII

ISOCRATE, orateur athénien...................   IV

J.

JACOB, patriarche hébreu....................   XX

JASON, roi d'Iolcos, chef des Argonautes........   XIV

JEPHTÉ, juge des Hébreux ou Juifs.............   XIII

JÉRÉMIE, prophète juif.......................   VI

JÉROBOAM, premier roi d'Israël...............   X

JOAS, roi de Juda...........................   IX

JOB, patriarche juif.........................   XVIII

JOSÉPH, ministre des pharaons d'Égypte........   XX

JOSUÉ, chef du peuple hébreu.................   XVII

JUDA, patriarche hébreu.....................   XX

JUDAS-*Machabée*, général juif................   II

JUDITH, héroïne juive.......................   VII

L.

LABÉRIUS, chevalier romain, poëte.............   I

LAOCOON, grand prêtre d'Apollon.............   XIII

LARTIUS, premier dictateur romain............   V

LÉONIDAS, roi de Sparte.....................   V

LÉPIDE, triumvir...........................   I

LÉVI, troisième fils de Jacob, tige des Lévites....   XX

LINUS, poëte et musicien....................   XIV

LUCILIUS (*C.*), poëte satirique latin...........   II

LUCRÈCE, poëte latin.......................   I

LUCULLUS, général romain..................   I

SIÈCLES.

LYCOPHRON, poëte grec.................... III
LYCURGUE, législateur de Sparte............. IX
LYSANDRE, général lacédémonien........... V
LYSIAS, orateur athénien................... V
LYSIPPE, statuaire grec................... IV

M.

MACHAON, fils d'Esculape, médecin au siége de
   Troie.......................... XIII
MANDAUCE, roi des Mèdes................. IX
MANÉTHON, prêtre égyptien................ III
MARIUS, général romain.................. II
MAUSOLE, roi de Carie................... IV
MÉCÈNE, ministre d'Auguste.............. I
MÉGASTHÈNE, historien et géographe grec...... III
MÉLANTHE, peintre grec................... IV
MELISSUS, philosophe de Samos............ V
MÉNANDRE, poëte grec................... IV
MENCIUS ou *Meng-Tseu*, philosophe chinois..... IV
MENDÈS, premier roi de la xxie dynastie égypt... XI
MÉNÉLAS, roi de Lacédémone (siége de Troie)... XIII
MÉTON, astronome athénien................ V
MILON *de Crotone*, athlète................ VIII
MILTIADE, général athénien............... V
MINOS II, roi de Crète................... XIV
MITHRIDATE, roi de Pont................. I
MOERIS, roi d'Égypte, xviiie dynastie.......... XVIII
MOÏSE, législateur des Hébreux.............. XVII
MOSCHUS, poëte bucolique grec............. III
MUSA (*Ant.*), médecin................... I
MUSÉE, poëte grec...................... XV
MUTIUS *Scævola*, guerrier romain............ VI
MYRON *d'Éleuthères*, sculpteur grec........... V
MYRTIS, femme poëte................... VI

N.

SIÈCLES

NABONASSAR, gouverneur, puis roi de Babylone.. VIII
NABUCHODONOSOR, roi de Babylone.......... VI
NÆVIUS, poëte latin............................ III
NÉARQUE, capitaine d'Alexandre, navigateur.... IV
NÉCHEPSOS, premier roi de la xxe dynastie égypt. XIII
NESTOR, roi de Pylos (siége de Troie)......... XIII
NICANDRE, un des sept poëtes de la Pléiade d'Alex. III
NICIAS, peintre grec.......................... VI
NICOLAS *de Damas*, historien, poëte et philosophe I
NICOMAQUE, peintre grec...................... IV
NINUS II, roi d'Assyrie....................... IX
NINYAS, roi d'Assyrie........................ XX
NUMA *Pompilius*, législateur et 2e roi de Rome... VIII

O.

ODIN, guerrier scandinave..................... I
OEDIPE, roi de Thèbes......................... XIV
ORESTE, fils d'Agamemnon...................... XIII
ORPHÉE, poëte et musicien..................... XIV
OSÉE, dernier roi d'Israël..................... VIII
OSÉE, prophète juif.......................... VIII
OTHONIEL, premier juge des Israélites......... XVI
OVIDE, poëte latin........................... I
OZIAS *ou Azarias*, roi de Juda............... VIII

P.

PACUVIUS, poëte latin........................ II
PALAMÈDE, poëte-musicien.................... XIII
PAMPHILE, peintre grec...................... IV
PARMÉNIDE, philosophe grec.................. V
PARRHASIUS, peintre grec.................... IV
PATROCLE, guerrier au siége de Troie......... XIII

SIÈCLES.

PAUL *Émile*, général romain...................... II
PAUSANIAS, général lacédémonien............... V
PÉLOPIDAS, général thébain.................... IV
PÉRIANDRE, tyran de Corinthe................. VI
PÉRICLÈS, général athénien.................... V
PERSÉE, roi de Mycènes et d'Argos............. XV
PHÉDON *d'Élée*, philosophe grec.............. IV
PHÉRÉCIDE *de Syros*, philosophe grec......... VI
PHIDIAS, sculpteur athénien................... V
PHILÉMON, poëte comique grec................. IV
PHILIPPE, roi de Macédoine................... IV
PHILIPPE *Arrhidée*, roi de Macédoine IV
PHILIPPE, médecin d'Alexandre................ IV
PHILOCLÈS *de Clazomène*, poëte grec.......... V
PHILOLAÜS *de Crotone*, poëte grec............ IV
PHILOMÈLE, fille de Pandion, roi d'Athènes..... XV
PHILON, écrivain juif......................... I
PHILOPOEMEN, général de la ligue achéenne..... III
PHOCION, général athénien.................... IV
PHORONÉE, roi d'Argos........................ XX
PHRYNIS, poëte et musicien, de Mytilène....... V
PILPAY, bramine et gymnosophiste indien........ V
PINDARE, poëte lyrique grec................... V
PISISTRATE, tyran d'Athènes.................. VI
PITTACUS *de Mytilène*, un des sept sages de la Grèce VII
PLATON, philosophe grec...................... IV
PLAUTE, poëte comique latin.................. II
PODALIRE, fils d'Esculape, médec. au siége de Troie XIII
POLLION (*C. Asinius*), orateur latin........... I
POLLUX, héros grec.......................... XIII
POLYBE, historien grec....................... II
POLYCLÈTE, statuaire et architecte............ V
POLYGNOTE *de Thasos*, peintre grec.......... V
POLYNICE, frère d'Étéocle, roi de Thèbes........ XIV

SIÈCLES.

POMPÉE, général romain...................... I

POMPÉE (*Trog.*), historien latin I

PORSENNA, roi d'Étrurie.................... VI

PORUS, roi indien........................ IV

POSIDONIUS, philosophe stoïcien.............. I

PRAXITÈLE, statuaire grec IV

PRIAM, dernier roi de Troie.................. XIII

PROCAS *Sylvius*, roi des Latins............... IX

PRODICUS, sophiste grec.................... V

PROMÉTHÉE, guerrier grec................... XVI

PROPERCE, poëte élégiaque latin.............. I

PROTAGORAS, sophiste grec................. V

PROTOGÈNES, peintre grec.................. IV

PTOLÉMÉE Ier, *Soter*, roi d'Égypte............ IV

PTOLÉMÉE II, *Philadelphe*, roi d'Égypte......... III

PTOLÉMÉE *Évergète*, roi d'Égypte............. III

PTOLÉMÉE *Philopator*, roi d'Égypte............ III

PTOLÉMÉE *Épiphane*, roi d'Égypte............ II

PTOLÉMÉE *Philométor*, roi d'Égypte........... II

PUBLICOLA (*Valérius*), consul romain........... VI

PYGMALION, roi de Tyr..................... IX

PYLADES, guerrier grec..................... XIII

PYRGOTÈLE, artiste grec, graveur en pierres fines IV

PYRRHON, philosophe grec.................. IV

PYRRHUS, roi d'Épire...................... III

PYTHAGORE, philosophe grec................ VI

PYTHÉAS *de Marseille*, astronome, géographe et
navigateur............................. IV

R.

RÉGULUS, consul romain.................... III

RETSIN, dernier roi de Syrie................. VIII

RHAMSÈS *Meïamoun*, roi d'Égypte, xixe dynastie XV

                                                   SIÈCLES.

ROBOAM, premier roi de Juda..................   X
ROMULUS, fondateur et premier roi de Rome....   VIII
ROSCIUS (*Q.*), acteur romain.................   I
RUFUS (*Serv. Sulp.*), jurisconsulte latin.........   I

S.

SALLUSTE, historien latin.....................   I
SALMANASAR, roi d'Assyrie...................   VIII
SALOMON, troisième roi des Juifs..............   X
SAMSON, juge des Israélites...................   XII
SAMUEL, dernier juge des Israélites...........   XI
SANCHONIATON *de Béryte*, auteur phénicien....   XIV
SAOSDUCHÉUS *Nabuchodonosor Ier*, roi de Babyl..   VII
SAPHO, poétesse grecque......................   VII
SARDANAPALE, roi d'Assyrie...................   X
SAÜL, premier roi des Juifs...................   XI
SCIPION *l'Africain*, général romain............   III
SCIPION *Émilien*, général romain.............   II
SCOPAS, architecte et statuaire grec   IV
SÉDÉCIAS, dernier roi de Juda................   VI
SÉLEUCUS Ier, roi de Syrie....................   IV
SÉMIRAMIS, reine d'Assyrie...................   XX
SERTORIUS, général romain...................   I
SÉSOSTRIS *ou Rhamsès le Grand*, roi d'Égypte...   XVI
SIMONIDE *de Céos*, poëte et philosophe........   VI
SOCRATE, philosophe, d'Athènes..............   V
SOLON, un des sept sages de la Grèce, législateur.   VI
SOPHOCLE, poëte tragique grec................   V
SOSIGÈNE *d'Alexandrie*, astronome............   I
SOSITHÉE, un des sept poëtes de la Pléiade d'Alex.   III
SOSTRATE *de Cnide*, architecte...............   IV
SPARTACUS, chef de gladiateurs romains........   I
SPEUSIPPE, philosophe grec...................   IV

SIÈCLES

STATIUS *Cæcilius*, poëte comique latin.......... II
STRABON, géographe grec.................... I
STRATON *de Lampsaque*, philosophe grec....... III
SUSARION, auteur comique grec.............. VI
SYLLA, dictateur romain................... I
SYRUS *Publius*, poëte mimique latin........... I

T.

TARQUIN *l'Ancien*, cinquième roi de Rome...... VII
TARQUIN *le Superbe*, septième et dern. roi de Rome VI
TELCHION, quatrième roi de Sicyone........... XX
TÉRENCE, poëte comique latin................ II
TERPANDRE, poëte et musicien............... VII
THALÈS, l'un des sept sages de la Grèce........ VI
THÉMISTOCLE, général athénien.............. V
THÉOCRITE, poëte grec.................... III
THÉOGNIS, poëte philosophe grec............ VI
THÉOPHRASTE, moraliste grec............... IV
THÉOPOMPE, orateur et historien grec........ ... IV
THÉSÉE, roi d'Athènes.................... XIV
THESPIS, créateur de la tragédie grecque........ VI
THOTHMÈS, roi d'Égypte................... XVIII
THOUORIS *ou Polybe*, roi d'Égypte........... XIII
THUCYDIDE, historien grec.................. V
TIBULE, poëte élégiaque latin............... I
TIMAGÈNES, historien grec d'Alexandrie........ I
TIMANTHE, peintre grec................... IV
TIMÉE *de Locres*, philosophe pythagoricien...... V
TIMOLÉON *de Corinthe*, général.............. IV
TIMON *le Mysanthrope*, philosophe athénien...... V
TIMOTHÉE, général athénien................ IV
TIMOTHÉE *de Milet*, poëte-musicien........... IV
TIMOTHÉE *de Thèbes*, musicien.............. IV

SIÈCLES

TITE *Live*, historien latin............................ I
TOBIE *le jeune*..................................... VII
TRASYBULE, général athénien...................... V
TRÉBATIUS *Testa* (*C.*), jurisconsulte romain..... I
TRIPTOLÈME, roi d'Éleusis....................... XV
TURPILIUS (*Sect.*), poëte latin.................. II
TYRTÉE, poëte grec............................... VII

U.

ULYSSE, roi d'Ithaque............................ XIII

V.

VARRON (*Térenc.*), auteur latin................. I
VERCINGÉTORIX, chef gaulois.................... I
VERRÈS (*C. L.*), préteur romain................ I
VIRGILE, poëte latin.............................. I
VIRIATHE, chef lusitanien........................ II
VITRUVE, architecte romain...................... I

X.

XANTHUS *de Lydie*, historien grec............... V
XÉNOCRATE, philosophe grec..................... IV
XÉNOPHON, historien et général athénien........ IV
XERCÈS, roi d'Assyrie........................... XIX
XERCÈS, roi de Perse............................ V

Z.

ZÉNODOTE *d'Éphèse*, grammairien................ IV
ZÉNON *de Citium*, fondateur du stoïcisme......... IV
ZÉNON *d'Élée*, philosophe grec.................. V
ZEUXIS, peintre grec............................. V
ZOÏLE, critique grec............................. III
ZOROASTRE, réformateur persan................. VI

ÉPOQUES PRINCIPALES.

A.

SIÈCLES.

ACTIUM (bataille d')........................ I
ALEXANDRIE (fondation d')................ IV
ALEXANDRIE (incendie de la biblioth. d') en partie I
ALPHABET grec (accroissement de l') par Cadmus XVI
AMPHIPOLIS (bataille d'), trève de 5o ans entre
    Athènes et Lacédémone..................... V
APPIENNE (construction de la voie)........... IV
ARBÈLE (bataille d')....................... IV
ARCHONTES (établissement des) à Athènes..... XII
ARDÉE (fondation d')....................... XIV
ARGONAUTES (expédition des)............... XIV
ARISTOPHANE (prem. représentation des Nuées d') V
ARTS (commencement des) dans la Grèce....... XVI
ATHÈNES (prise d')....................... V

B.

BABYLONE (captivité de).................... VI
BABYLONE (prise de), par Cyrus............ VI
BAS-RELIEF égyptien de Thèbes, représentant le
    roi Roboam prisonnier...................... X
BIBLIOTHÈQUE (première) à Rome........... II
BYZANCE (fondation de)................... VII

C.

	SIÈCLES.
CADMUS (colonie de) à Thèbes	XVI
CALIPPE (commencement de la période de), le 25 posidéon, 20 décembre 33o	IV
CAMBYSE occupe et ravage l'Égypte	VI
CANNES (bataille de)	III
CAPITOLE (le) bâti	IV
CAPOUE (fondation de)	IX
CARNÉENS (jeux) à Sparte	VII
CARTHAGE (ruine de)	II
CATILINA (conjuration de)	I
CÉCROPS (colonie de) à Athènes	XVII
CÉRÈS (premier temple de)	XVIII
CHÉRONÉE (bataille de)	IV
CHINE (grande muraille de la) terminée	III
CHIRON (sphère de)	XIV
CHYPRE (réunion de) à l'empire romain	I
COLOPHON (fondation de)	XII
COLOSSE *de Rhodes* (ou élève le)	III
COLOSSE *de Rhodes* (tremblement de terre qui renverse le)	III
COMÉDIE (premiers essais de la) par Susarion	VI
COMÈTES (apparition de)	IV
CRÈTE (commencement du royaume de)	XX
CRÈTE (guerre de)	I
CROTONE (fondation de)	VIII
CROTONE (les Romains occupent)	III
CUIVRE (mines de) des côtes d'Arabie, exploitées par les pharaons d'Égypte	XX
CUMES (fondation de)	XII
CYPSELUS (coffre de) sculpté en ivoire	VII
CYRUS (expédition du jeune)	V

D.

SIÈCLES.

DANAÜS (colonie de) à Argos............... XVI
DELPHES (incendie du temple de)............ VI
DEUCALION (déluge de) en Thessalie.......... XVI
DORIQUE (usage de l'ordre) en Égypte......... XIV
DRACON (législation de).................... VII

E.

ÉCLIPSE *de lune* (observation d'une) à Babylone. VIII
ÉCLIPSE *de soleil*, prédite par Thalès........... VI
ÉGYPTE (règne des pasteurs en)..............XX et XIV
ÉGYPTE (peste et famine en)................. I
ÉGYPTE (fondation du royaume grec d')........ IV
ÉLEUSIS (fondation d')..................... XVIII
ÉNÉE (colonie d') en Italie.................. XIII
ÉPHÈSE (fondation d')..................... XII
ÉPHÈSE (incendie du temple d') par Érostrate..... IV
ÉPIGONES (guerre des)..................... XIV
ESCLAVES (révolte des) à Rome.............. V
ESCLAVES (guerre des) en Sicile.............. II
ESCLAVES (guerre des) en Italie.............. I
ESPAGNE (ère d')........................ I
ÉTÉOCLE *et Polynice* (première guerre de Thèbes
    entre)............................... XIV
ÉTHIOPIE (guerre d')..................... X
ETNA (éruption de l')..................... XIV
ETNA (éruption de l')..................... V
ÉVANDRE (colonie d') en Italie.............. XIV
EXODE ou sortie des Israélites d'Égypte......... XVI

F.

FER (usage du) dans l'île de Crète............ XV
FOURCHES caudines........................ IV

G.

SIÈCLES.

GAULES (conquête des)....................... I
GAULOIS (première invasion des) en Italie...... VI
GAULOIS (les) s'avancent jusqu'à Rome........ IV
GHEBEL-*Added* (temple de) creusé dans le roc en
    Nubie.. XVII
GUERRE sacrée............................... IV

H.

HAN (dynastie des) en Chine.................. III
HORACES *et Curiaces* (combat des)........... VII

I.

IBSAMBOUL (temple d') en Nubie.............. XVI
INACHUS (colonie d') à Argos................. XX
IONIENS (passage des) dans l'Asie Mineure XII
IPSUS (bataille d')........................... IV
IRA (prise d').............................. VII
ISRAÉLITES (entrée des) dans le pays de Chanaan XVII
ISRAÉLITES (anarchie chez les)................ XVI
ISRAÉLITES (première servitude des) sous Cussan XVI
ISRAÉLITES (sec. servitude des) sous les Moabites XVI-XV
ISRAÉLITES (trois. servitude des) sous Jabin, roi
    de Chanaan.............................XV-XIV
ISRAÉLITES (quatr. servit. des) sous les Madianites XIV
ISRAÉLITES (cinq. servit. des) sous les Ammonites XIII
ISRAÉLITES (six. servit. des) sous les Philistins...XIII-XII
ISRAÉLITES (interrègne chez les)............... XII-XI
ISRAEL (fin du royaume d')................... VIII
ISSUS (bataille d')........................... IV

J.

JACOB et ses fils descendent en Égypte.......... XIX

SIÈCLES.

JÉRUSALEM (prise de) par Sésac, roi d'Égypte... X

JÉRUSALEM (incendie du temple de)........... VI

JÉRUSALEM (siége de) par Antiochus-Eupator... II

JUDA (fin du royaume de)..................... VI

JUGURTHA (guerre de) contre les Romains...... II

JULIENNE (ère)............................... I

JUNON (culte de) à Argos.................... XVIII

JUNON (incendie du temple de) à Argos......... V

K.

KOURNA (temple de) à Thèbes, par Ménephta Ier,
   père de Sésostris........................ XVII

L.

LABYRINTHE de Crète......................... XIV

LESBOS (fondation de)....................... XVII

LEUCTRES (bataille de)...................... IV

LOUQSOR (palais sud de)..................... XVII

LOUQSOR (palais nord et obélisques de)........ XVI

LYCURGUE (législation de)................... IX

LYON (fondation de)......................... I

M.

MACÉDOINE (la) réduite en province romaine.... II

MANTINÉE (bataille de)...................... IV

MARATHON (combat de)....................... V

MARSEILLE (fondation de)................... VI

MÈDES (fin de la monarchie des)............. VI

MÉDINET-*Habou* (palais de) à Thèbes.......... XV

MEMNON (statue parlante de)................. XVII

MEMNONIUM (palais dit) à Karnac-Thèbes...... XVII

MESSÈNE (fondation de la ville de)........... IV

MESSÉNIE (première guerre de)............... VIII

SIÈCLES.

MESSÉNIE (seconde guerre de)................ VII
MESSÉNIE (troisième guerre de)............. V
MEULES (usage des)........................ XVI
MILAN (fondation de) par les Gaulois........... VI
MILET (fondation de)....................... XII
MILET (prise et destruction de) par les Perses.... V
MINERVE (incendie du temple de) à Athènes.... V
MOERIS (lac)............................. XVIII
MONNAIE (premier usage de la) à Égine........ V
MUSÉE (publication des poésies de) à Athènes.... XIV
MYCALE (combat de)....................... V
MYCÈNES (fondation de).................... XVIII

N.

NABONASSAR (commencement de l'ère de)...... VIII
NAPLES (fondation de)..................... XII
NARBONAISE (la Gaule) devient province romaine II
NUMANCE (destruction de)................... II

O.

OGYGÈS (déluge d') dans la Béotie............ XVIII
OLYMPIADE (première)..................... VIII
OLYMPIE (course de chars à 4 chevaux instituée à) VII
OLYMPIQUES (rétablissement des jeux) par Iphitus XI
OMBOS (le grand temple d')................. XVIII
OENOTRUS (colonie des Pelasges en Italie par)... XVIII
OSTRACISME (cessation de l')................ V

P.

PÆONIENS (colonie des) en Macédoine.......... XIV
PALESTINE (grande famine en)............... I
PANTHÉON à Rome terminé................... I
PAPHOS (fondation de)..................... XIII

SIÈCLES.

PARTHÉNON (le)........................... V
PÉLOPONÈSE (conquête du) par les Héraclides... XII
PÉLOPONÈSE (guerre du)................... V
PÉLOPONÈSE (tremblement de terre dans le).... IV
PÉLOPS (arrivée de) dans la Grèce............. XIV
PERSES (commencement du royaume des)....... VI
PHARE d'Alexandrie........................ III
PHARSALE (fondation de)................... XV
PHARSALE (bataille de)..................... I
PIRÉE (construction du) à Athènes............. V
PLATÉE (fondation de)..................... XV
PLATÉE (bataille de)...................... V
POIDS *et mesures* (Phidon introduit en Grèce les). IX
PROPYLÉES (construction des) à la citad. d'Athènes V
PUNIQUES (première et seconde guerres)....... III
PUNIQUE (troisième guerre)................. II
PYLOS (fondation de)..................... XIII
PYTHIADE (première)..................... VI

Q.

QUADRIGES (usage des) dans la Grèce......... XVII

R.

RAPHIA (bataille de)...................... III
REGISTRES *de naissance* (usage des) dans les pre-
   mières villes d'Étrurie...................... XIV
RHAMASSEUM *de Thèbes* ou palais de Rhamsès... XVI
RHAMSÈS (conquêtes de) en Asie et en Afrique... XVI
RHODES (fondation de la ville de)............. V
ROMAINE (république)..................... VI
ROMAINS (première expédition des) dans la Gaule II
ROMAINS (les) en Asie..................... II
ROME (fondation de)...................... VIII

SIÈCLES.

ROYAUME *grec d'Égypte* (fondation du).........   IV

S.

SAGONTE (fondation de)......................   XV
SAGONTE (prise de) par Annibal...............   III
SALAMINE (combat de)........................   V
SALOMON (temple de)..........................   X
SAMARIE (fondation de).......................   X
SAMARIE (prise de) par Salmanasar...........   VIII
SAMOS (fondation de)..........................   X
SARDES (prise de)............................   VI
SARDES (incendie de)..........................   VI
SCYTHES (expédition de Darius contre les)......   VI
SÉCULAIRES (jeux) donnés à Rome............   IV-I
SEPTANTE (version des)........................   III
SÉRAPIS (arrivée miraculeuse du dieu) à Alexandrie   III
SÉSOSTRIS (conquêtes de) en Asie et en Afrique..   XVI
SILSILIS (temple de) en Égypte...............   XVII
SMYRNE (fondation de)........................   X
SOLON (législation de)........................   VI
SOLSTICE *d'été* (Méton observe le)...........   V
SPARTE (fondation de)........................   XIX
SYBARIS (fondation de).......................   VIII
SYRACUSE (fondation de)......................   VIII

T.

TARAGONE (murs cyclopéens de)..............   XIII
TARENTE (Phalante, Lacédémonien, conduit une
    colonie à)................................   VIII
TARSE (fondation de).........................   XVI
TEMPLE à la seconde cataracte du Nil, en Nubie..   XVIII
THÈBES *inférieure* (fondation de la)...........   XVI
THÈBES *de Béotie* (ruine de)..................   IV

SIÈCLES.

THERMOPYLES (combat des).............. . V
THÉSÉE (guerre de) contre Créon, roi de Thèbes. XIV
THÉSÉE (temple de) à Athènes................ V
THYMBRÉE (bataille de)..................... VI
TIMBALES *de guerre*........................ XIV
TOMBEAUX *des rois d'Égypte*, creusés dans les montagnes de Biban-El-Molouk depuis Amosis jusqu'à Rhamsès-Meïamoun................. XV
TOULOUSE (prise de) par les Romains......... II
TRASYMÈNE (combat de)..................... III
TRIBUNS *à Rome* (institution des)............ V
TRIBUS *d'Israël* (division des douze)........... X
TROIE (fondation de)....................... XV
TROIE (siége et prise de)..................... XIII
TSING (dynastie des) en Chine................ III
TYR (siége de) par Nabuchodonosor........... VI
TYRRHÉNIENS en Italie...................... XIV
TYRRHÉNIENS passés d'Italie en Espagne....... XIII

V.

VÉNUS *de Médicis* (statue connue sous le nom de) par Cléomènes.......................... II
VESTA (incendie du temple de) à Rome........ I
VÉSUVE (éruption du)...................... V

Z.

ZAMA (bataille de)......................... III

Seconde partie,

DEPUIS LA NAISSANCE DE JÉSUS-CHRIST JUSQU'À NOS JOURS.

HOMMES CÉLÈBRES.

A.

	SIÈCLES.
ABAILAR (*Pierre*)	XII
ABDÉRAME, roi de Cordoue	VIII
ABDÉRAME II, roi de Cordoue	IX
ABOU-GIAFAR-ALMANZOR, sec. calife Abbasside.	VIII
ABOU-MAASCHAR, astronome arabe	IX
ABOUL-ABBAS, premier calife Abbasside	VIII
ADAM *de Brême*, historien ecclésiastique	XI
ADDISSON, écrivain anglais	XVIII
ADON, historien français	IX
ADRIEN, empereur romain	II
ADRIEN Ier, pape	VIII
AETIUS, général romain	V
AFER (*Domitius*), orateur romain	I
AGNÈS SOREL,	XV
AGRICOLA (*Cnéius-Julius*), général romain	I
AGRICOLA (*Rod.*), historien allemand	XV
ALAIN *de Lisle*, savant français	XII

SIÈCLES.

ALARIC Ier, roi des Goths...................... IV
ALARIC II, roi des Visigoths.................. V
ALBANE (l'), peintre italien................. XVII
AL-BATTANY, astronome arabe................ X
ALBE (*duc d'*), général et ministre d'État espagnol. XVI
ALBÉRIC (*Clément*), premier maréchal de France.. XII
ALBERT *le Grand*, physicien, de Souabe......... XIII
ALBERT (*L. B.*), archit. et mathémat. de Florence. XV
ALBOIN, premier roi des Lombards............. VI
ALBUQUERQUE, navigateur portugais.......... XV
ALCUIN, Anglais, aum. et biblioth. de Charlemagne. VIII
ALEMBERT (d'), géomètre et philosophe français. XVIII
ALEXANDRE VI (*Borgia*), pape................ XV
ALEXANDRE Ier, empereur de Russie........... XIX
ALFERGAN, astronome arabe................. IX
ALFRED *le Grand*, sixième roi d'Angleterre....... IX
ALI, gendre et quatrième successeur de Mahomet... VII
ALPHONSE Ier (*Henriquez*), premier roi de Portugal XII
ALPHONSE X, *le Philosophe*, roi de Léon et de
    Castille....................................... XIII
AMBOISE (*George d'*), card. et min. de Louis XII.. XV
AMBROISE (saint), évêque de Milan............ IV
AMMIEN-MARCELLIN, historien romain........ IV
AMYOT, écrivain français..................... XVI
ANASTASE Ier, empereur d'Orient.............. V
ANDRIEUX, poëte français.................... XIX
ANGILBERT (saint), historien et poëte français.... VIII
ANTONIN, empereur romain................... II
ANWERY, poëte persan....................... XII
APOLLODORE *de Damas*, architecte............. II
APOLLONIUS *de Thyane*, philosophe pythagoricien I
APPIEN, historien grec...................... II
APULÉE, philosophe platonicien latin........... II
ARBOGASTE, général gaulois.................. IV

SIÈCLES.

ARCADIUS, empereur d'Orient...   IV
AREVALO (*Sanche de*), savant espagnol...   XV
ARIOSTE, poëte italien...   XVI
ARIUS, théologien hérésiarque, de Libye...   IV
ARNOLPHO *di Lapo*, architecte italien...   XIII
ARTAXERCE, fondateur du sec. empire des Perses.   III
ATHANASE (saint), Père de l'Église d'Alexandrie..   IV
ATHÉNÉE, grammairien grec...   II
ATTILA, roi des Huns, *le fléau de Dieu*...   V
AUDRAN (*Gérard*), graveur français...   XVII
AUGUSTIN (*St.*), Père de l'Église latine, de Tagaste
    en Afrique...   IV
AULU-GELLE, grammairien et critique latin...   II
AURÈLE (*Marc*), empereur romain...   II
AURELIUS *Victor*, historien romain...   IV
AUSONE, poëte latin (de Bordeaux)...   IV
AVERRHOÈS, médecin et philosophe arabe...   XII
AVICENNE, médecin et philosophe arabe...   XI
AVIENUS, poëte latin...   IV
AYALA (*Lopez de*), ministre et général espagnol...   XIV

B.

BACON (*Roger*), savant anglais...   XIII
BACON (*François*), écriv. et chancelier d'Angleterre XVII
BAJAZET Ier, quatrième sultan des Turcs-Othomans.   XIV
BALZAC (*de*), littérateur français...   XVII
BARBERINO (fils), poëte toscan...   XIV
BARBEROUSSE, amiral turc...   XVI
BART (*Jean*), marin français...   XVII
BARTHÉLEMY (l'abbé), écrivain français...   XVIII
BARTOLE, jurisconsulte, de Sasso-Ferrato...   XIV
BASILE (saint), père de l'Église grecque, évêque de
    Césarée...   IV

SIÈCLES.

BASILIUS, dernier consul romain............... VI
BAUDOIN II, dern. empereur latin de Constantinople XIII
BAYARD, chevalier français................... XVI
BAYLE, écrivain français................... XVII
BECKET (*Thomas*), chancelier d'Angleterre, arche-
  vêque de Cantorbéry..................... XII
BÈDE, *le Vénérable*, historien anglais........... VIII
BEETHOVEN, compositeur de musique, Allemand. XIX
BÉLISAIRE, général de l'empereur Justinien...... VI
BELLIN (*Jean*), peintre vénitien............... XV
BELLINI, compositeur de musique, Italien........ XIX
BENOIT (saint), fondateur de l'ordre des Bénédictins VI
BERCEO (*Gonzalès de*), poëte espagnol......... XIII
BERNARD *del Carpio*, héros espagnol........... VIII
BERNARD (saint), premier abbé de Clairvaux.... XII
BESSARION, cardinal, littérateur............... XV
BÈZE (*Théodore de*), théologien protestant français. XVI
BICHAT, médecin physiologiste français.......... XVIII
BLANCHE *de Castille*, reine de France, mère de
  saint Louis........................... XIII
BOCCACE, poëte-littérateur italien............. XIV
BOECE, écrivain latin..................... VI
BOERHAVE, médecin hollandais.............. XVIII
BOILEAU, poëte français................... XVII
BOJARDO (*le comte*), poëte italien............ XV
BOLESLAS, roi de Pologne.. XI
BOLIVAR, général américain................ XIX
BONER, fabuliste allemand................. XIV
BONIFACE (saint), apôtre de la Germanie....... VIII
BORGIA (*César*), fils naturel d'Alexandre VI...... XV
BOSSUET, orateur et historien français.......... XVII
BOULEN (*Anne de*), femme de Henri VIII, roi d'Angl. XVI
BOURDALOUE, prédicateur français........... XVII
BOYLE, chimiste anglais................... XVII

SIÈCLES.

BRAMANTE, architecte italien.................... XV
BRANDT (Sébastien), poëte et littérateur allemand. XV
BRUCE (Robert), roi d'Écosse................... XIV
BRUNEHAUT, femme de Sigebert, roi d'Austrasie.. VI
BRUNELLESCHI, architecte, de Florence......... XV
BRUNETTO *Latini*, écrivain italien............. XIII
BRUNO (St.), fondateur de l'ordre des Chartreux.. XI
BUFFON, naturaliste français.................. XVIII
BUSCHETTO, architecte italien................. XI
BYRON (*lord*), poëte anglais................... XIX

C.

CALDERON, auteur dramatique espagnol......... XVII
CALPURNIUS (*Titus*), poëte bucolique latin...... III
CALVIN, réformateur relig..................... XVI
CANOVA, sculpteur italien XVIII
CAPET (*Hugues*), roi de France................ X
CASSIEN (*Jean*), écrivain théologien............ V
CASSIODORE, historien latin................... VI
CATHERINE II, impératrice de Russie........... XVIII
CATINAT, maréchal de France.................. XVII
CAVALCANTI (*Gui*), philosophe et poëte florentin. XIII
CELLINI (*Benvenutto*), sculpteur, graveur et orfèvre
    italien XVI
CELSE, médecin romain....................... I
CERVANTES (*Michel*), écrivain espagnol........ XVI
CHAMPOLLION *le jeune*, savant français......... XIX
CHAPTAL, chimiste français................... XIX
CHARLEMAGNE, roi de France, emper. d'Occident VIII
CHARLES *Martel*, duc d'Austrasie.............. VIII
CHARLES V, premier dauphin, roi de France..... XIV
CHARLES VI, roi de France.................... XIV
CHARLES IV, empereur d'Allemagne............ XIV

SIÈCLES.

CHARLES *le Téméraire*, duc de Bourgogne XV
CHARLES VII, roi de France XV
CHARLES XI, roi de Suède XVII
CHARLES XII, roi de Suède XVIII
CHARLES-*Quint*, emp. d'Allemagne et roi d'Espagne XVI
CHARLES Ier, roi d'Angleterre XVII
CHARTIER (*Jean*), historiographe de France XV
CHARTIER (*Alain*), écrivain et poëte français XV
CHATELAIN (*George*), littérateur flamand XV
CHAUCER, poëte anglais XIV
CHENIER (*André*), poëte français XVIII
CHILDEBERT, fils de Clovis VI
CHILDÉRIC Ier, quatrième roi de France V
CHOSROÈS *le Grand*, vingt et unième roi de Perse. VI
CHOSROÈS II, roi de Perse VII
CHRISTINE *de Pisan*, écrivain français XIV
CHRISTINE, reine de Suède XVII
CID (*le*), (*Bivar*), guerrier castillan XI
CIMABUÉ, peintre italien XIII
CIMAROSA, musicien compositeur, de Naples XVIII
CINQ-MARS, favori de Louis XIII XVII
CLAUDIEN, poëte latin d'Alexandrie IV
CLAUDIUS *Quirinalis*, d'Arles I
CLÉMENCE *Isaure*, de Toulouse XV
CLÉMENT (saint), d'Alexandrie, docteur de l'Église III
CLOTAIRE, roi de France VI
CLOVIS, roi de France V
COLBERT, ministre d'État sous Louis XIV XVII
COLIGNY, amiral de France XVI
COLOMB (*Christophe*), navigateur XV
COLUMELLE, auteur agronome I
COMINES (*Philippe de*), historien français XV
COMNÈNE (Anne), princesse de Constantinople,
    historienne XII

SIÈCLES.

CONDILLAC, philosophe, métaphys. français   XVIII
CONDORCET, philosophe-mathématicien français .   XVIII
CONSTANCE II, empereur romain   IV
CONSTANTIN *le Grand*, empereur romain.   IV
COPERNIC, astronome, de Thorn (anc. Pologne). .   XVI
CORNEILLE (Pierre), poëte dramatique français. .   XVII
CORRÉGE (*le*), peintre italien.   XVI
CORTEZ (*Fernand*), capitaine espagnol   XVI
COSTER (*Laurent*), imprimeur hollandais.   XVI
COUCY (*Robert de*), architecte français.   XIII
CROMWELL (*Olivier*), protecteur d'Angleterre. . .   XVII
CUJAS, jurisconsulte français.   XVI
CUVIER, naturaliste français.   XIX
CYPRIEN (saint), Père de l'Église latine.   III
CYRILLE (saint), Père de l'Église grecque.   IV

D.

DAGOBERT, roi de France.   VII
DANDOLO, doge de Venise.   XII
DANTE, *Alighieri*, poëte italien.   XIII
DANTON, révolutionnaire français   XVIII
DAVID, peintre français.   XVIII
DELILLE, poëte français.   XVIII
DELORME (*Philibert*), architecte français.   XVI
DENYS *le Petit*, écrivain ecclésiastique.   VI
DESAIX, général français.   XVIII
DESCARTES, philosophe et mathématicien français   XVII
DIAZ (*Barthélemy*), navigateur portugais.   XV
DIDEROT, philosophe et littérateur français.   XVIII
DIDIER, dernier roi des Lombards.   VIII
DIOCLÉTIEN, empereur romain.   III
DIOGÈNE *de Laërce*, historien grec.   III
DION *Chrysostome*, rhéteur et philosophe grec.   I

STÈCLES.

DION *Cassius*, historien romain III

DIOPHANTE, mathématicien grec d'Alexandrie. . . . III

DIOSCORIDE, médecin grec I

DIOSCORIDE, graveur en pierres fines I

DIOTI *Salvi*, architecte italien XII

DITHMAR, historien allemand X

DJAFAR, auteur arabe VIII

DJENGUYS-KHAN, souverain mogol XII

DOMINIQUE (saint), théologien espagnol, fonda-
teur d'ordre monastique XII

DOMINIQUIN (*le*), peintre italien XVII

DRYDEN, poëte anglais XVII

DUCANGE, savant français XVII

DUCLOS, moraliste et littérateur français XVIII

DUGAY-TROUIN, marin français XVIII

DUGUESCLIN, connétable de France XIV

DUNOIS, guerrier français XV

DUPIN (*Ellies*), historien théologien français XVII

DUQUESNE, marin français XVII

DURANTE, compositeur italien XVIII

DURER (*Albert*), peintre et graveur allemand XVI

DYCK (*van*), peintre flamand XVII

E.

ÉDOUARD *l'ancien*, roi d'Angleterre X

ÉDOUARD Ier, *Plantagenet*, roi d'Angleterre XIII

ÉDOUARD, dit le *Prince noir*, prince de Galles XIV

EDRISI, géographe et écrivain arabe XII

EGBERT Ier, roi d'Angleterre IX

ÉGINHARD, historien français IX

ÉLIEN, écrivain grec III

ÉLISABETH, reine d'Angleterre XVI

ELMACIN (*George*), historien arabe XIII

SIÈCLES.

ELOI (saint), trésorier de Dagobert et orfèvre.... VII
ELZEVIR, imprimeur hollandais.................. XVII
ÉPICTÈTE, philosophe stoïcien, de Phrygie...... I
ÉRASME, de Rotterdam, écrivain latin.......... XVI
ÉRWIN de Stienbach, architecte.............. XIII
ESPAGNOLET (Ribeira, dit l'), peintre espagnol.. XVII
ESTIENNE (Robert), imprimeur français......... XVI
ESTOILE (Pierre de l'), historien français........ XVI
ÉTIENNE, premier roi de Hongrie............. XI
EUDES, comte de Paris, duc de France.......... IX
EUGÈNE (le prince), général autrichien......... XVIII
EUTROPE, historien latin..................... IV

F.

FABERT, maréchal de France................. XVII
FÉNELON, écrivain français.................. XVII
FERDINAND le Catholique, roi d'Aragon et de Cas-
    tille.................................. XV
FERDOUSSI, poëte persan................... X
FERNEL, médecin et mathématicien français..... XVI
FESTUS (Pomp. Sext.), philosophe latin........ IV
FICHTE, littérateur allemand................. XIX
FINGAL, roi de Morven..................... III
FINIGUERRA (Thomas ou Maso), orfèvre de Florence XV
FLÉCHIER, orateur et historien français.......... XVII
FLODOARD, historien français................ X
FONTENELLE, littérateur français............. XVIII
FORTUNAT (Clément), écrivain né en France.... VI
FOURIER, mathématicien et littérateur français... XIX
FOY, général et orateur français.............. XIX
FRANÇOIS d'Assise (saint), fondateur de l'ordre
    des frères Mineurs......................... XIII
FRANÇOIS de Paule (saint), fondateur de l'ordre
    des Minimes............................. XV

SIÈCLES.

FRANÇOIS *de Sales* (saint), évêque de Genève ...   XVI
FRANÇOIS Ier, roi de France....................   XVI
FRANKLIN, physicien et écrivain polit. américain.   XVIII
FRAUENLOB (*Henri*), poëte allemand............   XIV
FRÉDÉGAIRE, *dit le Scolastique*, historien latin...   VII
FRÉDÉGONDE, femme de Chilperic, roi de France   VI
FRÉDÉRIC Ier (*Barberousse*), empereur d'Allemagne   XII
FRÉDÉRIC II, empereur d'Allemagne...........   XIII
FRÉDÉRIC II, *dit le Grand*, roi de Prusse.......   XVIII
FREINSHEM, littérateur allemand............   XVII
FRÉRET, critique et écrivain français...........   XVIII
FROISSART, historien et poëte français..........   XIV
FRONTIN, écrivain latin et militaire romain......   I
FULBERT, évêque de Chartres................   XI
FULGENCE (saint), évêque de Ruspe, écrivain
    ecclésiastique..........................   VI
FULGENCE (*Planciades*), de Carthage, mytholog.   VI
FUST (*Jean*), de Mayence, l'un des inventeurs de
    l'art typographique.....................   XV

G.

GADDI, peintre en mosaïque, de Florence.......   XIII
GALIEN, médecin grec....................   II
GALILÉE, physicien et astronome italien........   XVII
GALL, anatomiste et physicien allemand........   XIX
GALLAND, orientaliste français...............   XVII
GALVANI, médecin et physicien italien..........   XVIII
GAMA (*Vasco de*), navigateur portugais........   XVI
GARCILLASO DE LA VEGA, poète espagnol.....   XVI
GASSENDI, philosophe et mathématicien français..   XVII
GELÉE (*Claude Lorrain*), peintre de paysages....   XVII
GENSERIC, roi des Vandales en Espagne........   V
GENTILE-GENTILI, médecin italien............   XIII
GEORGE *le Syncelle*, chronologiste grec..........   VIII

	SIÈCLES.
GERBERT (*Sylvestre II*), savant et pape	X
GERMANICUS, général romain	I
GERSON, théologien français	XV
GIBBON, historien anglais	XVIII
GIOTTO, peintre, sculpteur et archit. de Florence.	XIV
GIRODET, peintre français	XIX
GLUCK, compositeur allemand	XVIII
GLYCAS, historien grec du Bas-Empire	XII
GODEFROY *de Bouillon*, duc de Lorraine, premier roi de Jérusalem	XI
GOETHE, littérateur allemand	XVIII
GOLDONI, poëte comique italien	XVIII
GONDEBAUD, roi de Bourgogne	V
GONDICAIRE, premier roi de Bourgogne	V
GONSALVE *de Cordoue*, guerrier espagnol	XV
GOUJON (*Jean*), sculpteur français	XVI
GRATIEN, compilateur canoniste, de Toscane	XII
GRAVINA, poëte latin, de Palerme	XV
GRAY (*Jeanne*), reine d'Angleterre	XVI
GRÉGOIRE (saint), de Naziance, écrivain eccles.	IV
GRÉGOIRE (saint), de Nysse, docteur de l'Église.	IV
GRÉGOIRE (saint), de Tours, prem. historien franç.	VI
GRÉGOIRE (saint), *le Grand,* pape	VI
GRÉGOIRE VII, pape	XI
GRÉTRY, compositeur de musique, de Liége	XVIII
GROS, peintre français	XIX
GROTIUS, savant hollandais	XVII
GUARINI, poëte italien	XVI
GUICHARDIN, historien italien	XVI
GUIDE (*le*), peintre italien	XVII
GUIDO D'AREZZO (*Gui Arétin*), moine, musicien-écrivain	XI
GUILLAUME *le Conquérant,* duc de Normandie et roi d'Angleterre	XI

SIÈCLES.

GUILLAUME *le Petit*, historien anglais. XII
GUILLAUME *de Champeaux*, écrivain théologien. . XII
GUILLAUME *de Lorris*, poëte français. XIII
GUILLAUME *le Breton*, historien français. XIII
GUILLAUME-TELL, patriote suisse. XIV
GUILLAUME III, prince d'Orange, roi d'Angleterre XVII
GUISE (*François de Lorraine*, duc de), capitaine
     français. XVI
GUISE (card. de *Lorraine*), ministre de Charles IX XVI
GUISE (*Henri de Lorraine*, duc de), le Balafré. . . . XVI
GUSTAVE-WASA, roi de Suède. XVI
GUSTAVE (*Adolphe*), roi de Suède. XVI
GUSTAVE III, roi de Suède. XVIII
GUTTENBERG, de Mayence, l'un des inventeurs
     de l'art typographique. XV

II.

HAFIZ, poëte persan. XIV
HALLER, médecin-anatomiste allemand. XVIII
HALLEY, astronome anglais. XVIII
HAMPDEN (*Jean*), patriote anglais. XVII
HARIRI, rhéteur arabe. XI
HARLAY (*Achille de*), premier président du parle-
     ment de Paris. XVI
HAROUN-AL-RASCHID, cinquième calife Abbasside VIII
HAYDEN, compositeur allemand. XVIII
HAYTON Ier, roi d'Arménie. XII
HÉLIODORE, littérateur grec. IV
HÉLOÏSE. XII
HELVÉTIUS, littérateur philosophe français. XVIII
HENRI II, *Plantagenet*, roi d'Angleterre. XII
HENRI VII (comte de *Richemont*), roi d'Angleterre. XV
HENRI VIII, roi d'Angleterre. XVI
HENRI IV, roi de France. XVI

	SIÈCLES.
HÉRACLIUS, empereur de Constantinople	VII
HERMAN-CONTRACTUS, astronome et musicien	XI
HERMAS, père apostolique, disciple de saint Paul	I
HERRERA, historien espagnol	XVI
HERSCHELL, astronome hanovrien	XVIII
HILAIRE (saint), docteur de l'Église, évêque de Poitiers	IV
HILAIRE (saint), d'Arles	V
HONORIUS, empereur d'Occident	V
HOSPITAL (*Michel de l'*), chancelier de France	XVI
HUET, évêque d'Avranches, historien et littérateur français	XVII
HUGO *d'Iremberg*, poëte allemand	XIII
HUME, historien anglais	XVIII
HUNIADE (*Jean*), général du roi de Hongrie	XV
HUSS (*Jean*), théologien bohémien	XIV
HUYGENS, mathématicien et astronome hollandais.	XVII

I.

IRÈNE, impératrice d'Orient	VIII
IRÉNÉE (saint), évêque de Lyon, écrivain ecclés..	II
ISABELLE *de Bavière*, reine de France	XV
ISABELLE *de Castille*, reine d'Espagne	XV
ISIDORE, de Séville, savant espagnol	VII

J.

JACQUES II, roi d'Angleterre	XVII
JAMBLIQUE, philosophe néoplatonicien	IV
JANSÉNIUS, théologien hollandais	XVII
JEAN (saint), l'Évangéliste	I
JEAN CHRYSOSTOME (saint), orateur théologien grec, Père de l'Église	IV
JEAN *de Pise*	XIII
JEANNE *d'Arc*, héroïne française	XV

SIÈCLES.

JEFFERSON, président des États-Unis d'Amérique.   XIX
JÉROME (saint), historien ecclésiastique, Père de
    l'Église...   IV
JÉSUS-CHRIST...   I
JOINVILLE (*sire de*), historien français.........   XIII
JORNANDÈS, historien des Goths...............   VI
JOSÈPHE, historien et général juif.............   I
JULIEN, *dit l'Apostat*, empereur romain.........   IV
JUSSIEU (*de*), botaniste français...............   XVIII
JUSTIN, historien latin..........................   II
JUSTINIEN, empereur d'Orient.................   VI
JUSTINIEN II, empereur d'Orient...............   VII
JUVÉNAL, poëte satirique latin.................   I
JUVÉNAL *des Ursins*, historien français...........   XIV

K.

KAAB, poëte arabe...........................   VII
KEAN (*Edm.*), tragédien anglais...............   XIX
KEPPLER, astronome allemand.................   XVII
KLEBER, général français.....................   XVIII
KLOPSTOCK, poëte allemand..................   XVIII
KORENATZY (*Moïse de Koren*), savant Arménien.   V

L.

LABÉ (*Louise*), *la belle Cordière*, poëte, de Lyon..   XVI
LABRUYÈRE, philosophe, écrivain moraliste franç.   XVII
LACTANCE, orateur chrétien...................   III
LAFONTAINE, poëte français...................   XVII
LAGRANGE, mathématicien, de Turin...........   XVIII
LANFRANC, de Pavie, théologien...............   XI
LANGTON (*Étienne de*), cardinal archevêque de
    Cantorbéry...............................   XIII
LANNES, *duc de Montebello*, maréchal de l'empire
    français.................................   XVIII

SIÈCLES

LAPLACE, géomètre et astronome français........ XVIII
LAROCHEFOUCAULD, moraliste français......... XVII
LASCARIS (*André*), savant grec.............. XV
LASCARIS (*Constantin*), savant grec........... XV
LAURE (*la belle*), chantée par Pétrarque....... XIV
LAVOISIER, physicien chimiste français,......... XVIII
LEIBNITZ, philosophe et mathématicien, de Leipsig XVII
LÉON (saint), *le Grand,* pape............... V
LÉON III, *l'Isaurien,* empereur d'Orient........ VIII
LÉON X, pape....... XVI
LESAGE, écrivain français.................. XVIII
LESCOT (*Pierre*), architecte français........... XVI
LIBERGIER (*Hugues* , architecte de Reims....... XIII
LIGORIO (*Pirro*), architecte italien............ XVI
LINNÉ, naturaliste suédois.................. XVIII
LOCKE, philosophe métaphysicien anglais........ XVII
LONGIN, rhéteur grec..................... III
LONGINUS (*Cassius*), jurisconsulte romain....... I
LOPE *de Véga,* poëte espagnol................ XVI
LOUIS (saint), roi de France................. XIII
LOUIS XI, roi de France.................... XV
LOUIS XII, roi de France................... XVI
LOUIS XIII, roi de France................... XVII
LOUIS XIV, *dit le Grand,* roi de France.......... XVII
LOUIS XV, roi de France.................... XVIII
LOUIS XVI, roi de France................... XVIII
LOUIS XVIII, roi de France.................. XIX
LOUIS II, duc de Bourbon (*le grand Condé*), géné-
 ral français........ XVII
LUC (saint), évangéliste................... I
LUCAIN, poëte latin, de Cordoue.............. I
LUCIEN *de Samosate,* écrivain grec............ II
LUITPRAND, roi des Lombards............... VIII
LULLE (*Raimond*), philosophe.............. XIII

SIÈCLES

LULLI, musicien de Florence.................... XVII
LUTHER, théologien réformateur............... XVI
LUZARCHES (*Robert de*), architecte français..... XIII

M.

MABILLON, savant français.................... XVII
MABLY, historien et publiciste français........... XVIII
MACHIAVEL, écrivain politique italien.......... XVI
MACROBE, philosophe et grammairien latin...... V
MAFFEI (*Fs. Scipion*), littérateur italien......... XVIII
MAGELLAN, navigateur portugais.............. XVI
MAHOMET, fondateur de la religion musulmane... VII
MAHOMET II, empereur turc.................. XV
MAILLARD (*Olivier*), théologien prédicateur..... XV
MAIMONIDE, philosophe, médecin et rabbin juif.. XII
MALEBRANCHE, théologien , philosophe et mathé-
    maticien français......................... XVII
MALHERBE , poëte français.................... XVI
MAMERT (*Claudien*), écrivain théologien français. V
MAMERTIN (*Claude*), orateur latin............ III
MAMOUN, septième calife abbasside............. IX
MANÈS, théologien hérésiarque persan III
MANUCE, imprimeur vénitien................. XV
MARC (saint), évangéliste................... I
MARCHE (*Olivier de la*), poëte français......... XV
MARCO-POLO, voyageur vénitien............. XIII
MARCULFE, auteur des formules.............. VII
MARGARITONE, peintre italien............... XIII
MARGUERITE *de Waldemar*, reine de Norwége, de
    Danemark et de Suède..................... XIV
MARIANA, historien espagnol................. XVI
MARIGNY (*Enguerrand de*), premier ministre de
    Philippe le Bel.......................... XII
MARLBOROUGH , général anglais............... XVII

SIÈCLES.

MAROT (*Clément*), poëte français............... XVI

MARTIAL, poëte latin....................... I

MARTIN (saint), évêque de Tours............. IX

MASACCIO, peintre italien................... XV

MASSILLON, prédicateur français............. XVIII

MATHILDE (*comtesse*), souveraine de la Toscane
  et de la Lombardie...................... XI

MA-TOUAN-LIN, écrivain chinois............. XIII

MATTHIEU (saint), évangéliste............. I

MAURICE, empereur d'Orient................ VI

MAXIME (*Valère*), historien latin............. I

MAZARIN, cardinal, premier ministre de France.. XVII

MÉDARD (saint), évêque de Noyon........... VI

MÉDICIS (*Côme de*), de Florence, surnommé le
  Père de la patrie........................ XV

MÉDICIS (*Laurent*), *le magnifique*, administrateur. XV

MÉDICIS (*Catherine de*), reine de France........ XVI

MÉDICIS (*Marie de*), reine de France........... XVII

MÉNA (*Jean de*), poëte castillan............. XV

MENGS (*Raphaël*), peintre allemand.......... XVIII

MÉTASTASE, poëte italien.................. XVIII

MÉTHODIUS, moine et peintre, de Thessalonique.. IX

MEUNG (*Jehan de*), poëte français........... XIII

MEZERAY, historien français............... XVII

MICHEL-ANGE (*Buonarroti*), peintre, sculpteur et
  architecte italien...................... XVI

MILTON, poëte anglais.................... XVII

MINUTIUS-FELIX (*Marc*), orateur latin........ III

MIRABEAU, orateur français................ XVIII

MIRANDOLE (*Pic de la*), écrivain italien........ XV

MOLAY (*Jacques de*), dernier grand-maître des
  Templiers............................ XIV

MOLÉ (*Mathieu*), premier président du parlement
  de Paris.............................. XVII

SIÈCLES.

MOLIÈRE, poëte dramatique français............ XVII

MONGE, géomètre français.................... XVIII

MONK, général anglais...................... XVII

MONSTRELET, historien français............... XV

MONTAIGNE, écrivain philosophe français........ XVI

MONTANUS (*Votienus*), orateur, poëte et grammairien latin................................ I

MONTEREAU (*Pierre de*), architecte français.... XIII

MONTESQUIEU, publiciste, jurisconsulte et littérateur français........................... XVIII

MONTFORT (*Simon de*), chef de la croisade contre les Albigeois.............................. XII

MONTMORENCY (*Henri 11, duc de*), maréchal de France.................................. XVII

MONTREUIL (*Eude de*), architecte français...... XIII

MORE (*Thomas*), grand chancelier d'Angleterre... XVI

MORERI, écrivain français.................... XVII

MOUSA-BEN-NASER, général arabe............ VIII

MOZART, compositeur allemand............... XVIII

MULLER (*Jean*), historien allemand............ XV

MURAT (*Joachim*), maréchal de France, roi de Naples.................................. XIX

MURATORI, historien italien.................. XVIII

MURILLO, peintre espagnol................... XVII

N.

NAPOLÉON, général, premier consul et empereur des Français.............................. XIX

NARSÈS, général romain..................... VI

NÉMÉSIEN, poëte didact. latin................ III

NEPPER (*John*), mathématicien écossais......... XVI

NÉRON, empereur romain.................... I

NESTOR, historien russe..................... XI

NEWTON, philosophe mathématicien anglais...... XVII

	SIÈCLES.
NEY, *prince de la Moskowa*, maréchal de France ...	XIX
NICCOLI, savant italien..............................	XV
NICÉPHORE (saint), patriarche de Constantinople, écrivain ecclésiastique...........................	IX
NICON, de Pergame, architecte...................	II
NITHARD, historien français...................	IX
NOSTRADAMUS, prétendu astrologue, de Provence.	XVI
NOTKER-LABER, écrivain théologien allemand...	XI

O.

ODOACRE, roi d'Italie..........................	V
OFTERDINGEN (*Henri d'*), minnesinger ou troubadour allemand............................	XII
OKTAI-KHAN, troisième fils et successeur de Djenguys-Khan................................	III
OLIVIER *de Clisson*, connétable de France.........	XIV
OMAR, second calife, successeur de Mahomet.....	VII
OPPIEN, poëte grec....	II
ORIGÈNE, docteur de l'Église, d'Alexandrie......	III
OROSE *Paul*, historien espagnol...............	V
OSSIAN, barde écossais.........................	III
OTFRIED, théologien et poëte allemand..........	IX
OTHMAN, troisième kalife, successeur de Mahomet	VII
OTHMAN Ier, premier empereur des Turcs..........	XIII
OTHON *le Grand*, premier empereur d'Allemagne.	X
OULOUG-BEYG, astronome persan...............	XV

P.

PACHIMÈRE, historien grec......................	XIII
PAISIELLO, compositeur italien..................	XVIII
PALLADIO, architecte, de Vicence...............	XVI
PAOLUCCIO, premier doge de Venise (Anafesto)..	VII
PAPIAS, Père apostolique.......................	I
PAPINIEN, jurisconsulte romain.................	II

SIÈCLES.

PARACELSE, alchimiste-médecin allemand XVI
PASCAL, géomètre et écrivain français XVII
PATERCULUS (*Velleius*), historien latin I
PATRICE (saint), évêque et apôtre d'Irlande V
PAUL (saint), apôtre I
PAUL (saint), premier ermite III
PAUSANIAS, historien grec II
PÉLAGE, premier roi des Asturies VIII
PEPIN *le Bref*, roi de France VIII
PERGOLÈSE, musicien italien. XVIII
PÉRIER (*Casimir*), premier ministre de Louis-
     Philippe XIX
PERRAULT (*Claude*), architecte français XVII
PERSE, poëte latin I
PÉRUGIN, peintre italien XV
PÉTRARQUE, poëte italien XIV
PÉTRONE, de Marseille, écrivain latin I
PEURBACH (*George*), astronome allemand XV
PHARAMON, prétendu premier roi de France V
PHILIPPE-*Auguste*, roi de France XII
PHILIPPE *de Than*, écrivain français XII
PHILIPPE *le Bel*, roi de France XIII
PHILIPPE II, roi d'Espagne XVI
PHILON d'*Alexandrie*, écrivain juif I
PHOTIUS, patriarche de Constantinople IX
PIAST, premier roi de Pologne IX
PICCINI, compositeur italien XVIII
PIE VI, pape XVIII
PIE VII, pape XIX
PIERRE (saint), *dit le Prince des apôtres* I
PIERRE *de Pise*, savant VIII
PIERRE *l'Ermite*, prédicateur des croisades XI
PIERRE *Lombard*, théologien XII
PIERRE *le Vénérable*, écrivain théologien français. XII

		SIÈCLES.
PIERRE *des Vignes*, chanc. de l'empereur Frédéric II		XIII
PIERRE *le Grand*, empereur de Russie		XVII
PILON (*Germain*), sculpteur français		XVI
PISANI (*Nicolas*), amiral vénitien		XIV
PISANI (*Victor*), amiral vénitien		XIV
PITT (*William*), ministre anglais		XVIII
PLATINA (*Sacchi*), historien italien		XV
PLINE *l'ancien*, naturaliste romain		I
PLINE *le jeune*, écrivain romain		I
PLOTIN, philosophe platonicien d'Alexandrie		III
PLUTARQUE, philosophe et historien grec		I
POGGE (*le*), écrivain italien		XV
POLITIEN, littérateur italien		XV
POMPONIUS-MELA, géographe romain		I
POMPONIUS (*Sextus*), jurisconsulte romain		II
PONCE-PILATE, gouverneur de Judée		I
PONTANUS, écrivain italien		XV
POPE, poëte anglais		XVIII
PORPHYRE, écrivain grec		III
POTHIER, jurisconsulte français		XVIII
POUSSIN (*le*), (*Nicolas*), peintre français		XVII
PRIMATICE, peintre et architecte italien		XVI
PRISCIEN, grammairien latin, de Constantinople		VI
PROCLUS, philosophe grec		V
PROCOPE, historien grec		VI
PSELLUS (*Michel*), écrivain grec		XI
PTOLÉMÉE, *astronome*, d'Alexandrie		II
PUFFENDORF, publiciste et historien allemand		XVII
PUGET (*Pierre*), sculpteur français		XVII
PULCI, poëte italien		XV

Q.

| QUINTE-CURCE, historien latin | | I |
| QUINTILIEN, rhéteur latin | | I |

R.

	SIÈCLES
RABAN-MAUR , évêque de Mayence, écriv. théol..	IX
RABELAIS, écrivain français....................	XVI
RACINE (*Jean*), poëte tragique français........	XVII
RAMUS , philosophe français....................	XVI
RAMUSIO , historien italien....................	XVI
RAPHAËL , peintre italien.....................	XVI
RAZI, médecin arabe.........................	IX
RÉAUMUR , naturaliste et physicien français......	XVIII
REMBRANDT, peintre hollandais................	XVII
REMI (saint), archevêque de Reims, l'apôtre des Francs.......................................	V
RENÉ *le Bon*, roi de Sicile , comte de Provence....	XV
RETZ (cardinal de) *Gondi*, cardinal français......	XVII
RICHARD , *Cœur de Lion*, roi d'Angleterre........	XII
RICHARSON , écrivain anglais..................	XVIII
RICHELIEU, cardinal et premier ministre sous Louis XIII.....................................	XVII
RICIMER , *l'Invincible*, général romain...........	V
RIENZI, tribun de Rome.	XIV
RIGORD, historien et biographe français.........	XII
ROBERT II, duc de Normandie..................	XI
ROBERTSON (*W.*), historien anglais...........	XVIII
ROLAND , guerrier français....................	VIII
ROLLIN , littérateur et historien français.........	XVIII
ROLLON ou *Robert I*er, duc de Normandie........	X
ROMAIN (*Jules*), peintre et architecte italien.....	XVI
RONSARD, poëte français......................	XVI
ROURICK , fondateur de l'empire russe...........	IX
ROUSSEAU (*Jean-Baptiste*), poëte lyrique français	XVIII
ROUSSEAU (*Jean-Jacques*), écrivain français , de Genève......................................	XVIII
RUBENS, peintre flamand......................	XVII
RUYTER , amiral hollandais....................	XVII

S.

                                  SIÈCLES.

SAADI, poëte persan.......................... XIII

SABINUS (*Masurius*), jurisconsulte romain....... I

SACCHINI, compositeur italien.................. XVIII

SACROBOSCO (*Jean de*), astronome anglais...... XIII

SALADIN, sultan d'Égypte...................... XII

SALVATOR-ROSA, peintre italien.............. XVII

SALVIUS-JULIANUS, jurisconsulte latin.......... II

SANNAZAR, poëte latin de Naples.............. XV

SARTE (*André del*), peintre italien............. XVI

SAXO-GRAMMATICUS, historien danois......... XII

SCALA (*Barth.*), historien italien.............. XV

SCANDER-BEG (*George*), capitaine albanais...... XV

SCHAEFFER (*Pierre*), l'un des inventeurs de l'art
    typographique............................. XV

SCHILLER, écrivain allemand.. XVIII

SCHOMBERG, maréchal de France............. XVII

SCOT (*Jean-Érigène*, théologien irlandais....... IX

SCOTT (*Walter*), littérateur écossais........... XIX

SCRIBONIUS-LARGUS, médecin romain......... I

SÉNÈQUE *le Philosophe* (*L. An.*), littérateur latin. I

SEPTIME *Sévère*, empereur romain.............. II

SERRES (*Olivier de*), agronome français........ XVI

SERVET (*Michel*, théologien espagnol.......... XVI

SÉVIGNÉ (*madame de*)....................... XVII

SFORCE (*Sforza-*), (*Jacques*), capitaine italien.... XIV

SHAKSPEARE, poëte dramatique anglais......... XVI

SIDOINE-APOLLINAIRE, poëte latin........... V

SILIUS-ITALICUS, poëte latin................. I

SIXTE-*Quint*, pape.......................... XVI

SLEIDAN, historien allemand.................. XVI

SNORRO-STURLESON, historien irlandais... ... XIII

SOBIESKI (*Jean III*), roi de Pologne........... XVII

SOCIN (*Lælius*, théologien hérésiarque, de Sienne XVI

SIÈCLES.

SOLIMAN, *dit le Grand,* empereur othoman...... XVI
SORBON (*Robert de*), théologien, fondateur de la
    Sorbonne.......................... XIII
SOUFFLOT, architecte français.................. XVIII
SPARTIEN, historien romain.................... III
SPENER (*Phil. Js.*), théologien protestant........ XVII
SPENSER, poëte anglais....................... XVI
SPINELLI, chroniqueur italien.................. XIII
SPINOSA, philosophe hollandais............... XVII
STACE, poëte latin........................... I
STAËL-HOLSTEIN (madame de)............. XVIII
STANLEY, philosophe anglais................. XVII
STATIUS-URSULLUS, rhéteur latin, de Toulouse... I
STILICON, général et ministre de l'emp. Honorius. IV
STRABUS WILFRID, hist. et poëte latin d'Allemagne IX
STUART (*Marie*), reine de France et d'Écosse.... XVI
SUÉNON Ier, roi de Danemark.................. X
SUÉTONE, historien latin...................... I
SUFFREN (*Bailli de*), vice-amiral français........ XVIII
SUGER (l'abbé), ministre d'État de Louis le Jeune. XII
SUIDAS, lexicographe grec.................... X
SULLY, ministre d'État de Henri IV.. XVII
SULPICE *Sévère,* historien ecclésiastique......... V
SWIFT, littérateur et poëte anglais.............. XVIII
SYMMAQUE, écrivain romain.................. IV

T.

TACITE, historien latin I
TALBOT (*John*), capitaine anglais.............. XV
TALMA, tragédien français.................... XIX
TALON (*Omer*), avocat général au parlement de
    Paris........................... XVII
TAMERLAN, conquérant tartare................ XIV
TANCRÈDE, un des chefs de la première croisade. XI

SIÈCLES.

TARIK, général arabe VIII
TASSE (le), poëte italien XVII
TASSONI, poëte italien XVII
TAULER, écrivain mystique allemand XIV
TAVERNIER, voyageur français XVII
TENIERS (David), peintre flamand XVII
TERTULLIEN, docteur de l'Église III
THÉODORET, historien ecclésiastique V
THÉODORIC le Grand, roi des Ostrogoths VI
THÉODOSE le Grand, empereur romain IV
THÉODULPHE, évêque d'Orléans, pub. des capitu-
    laires diocésains VIII
THÉON, d'Alexandrie, mathématicien grec IV
THÉOPHANE, historien byzantin VIII
THIBAULT, comte de Champagne et roi de Navarre,
    poëte français XIII
THIERRI, roi d'Austrasie VI
THOMAS d'Aquin (saint), théologien, docteur de
    l'Église XIII
THOMAS à Kempis, chanoine, moraliste XV
THOMAS, littérateur français XVIII
THOMPSON, poëte anglais XVIII
THOU (Jules-Auguste de), magistrat et historien
    français XVI
TIBÈRE, empereur romain I
TITIEN (le), peintre vénitien XVI
TITUS, empereur romain I
TORQUEMADA (Th. de), prem. inquisiteur espagn. XV
TORRICELLI, physicien, géomètre italien XVII
TORRITA, artiste en mosaïque italien XIII
TOTILA, roi des Ostrogoths VI
TOURNEFORT, botaniste français XVII
TOURVILLE, amiral français XVII
TRAJAN, empereur romain II

SIÈCLES.

TRIBONIEN, jurisconsulte, conseiller de l'empe-
reur Justinien... VI
TRIVULCE, général milanais.......................... XV
TROMP (*Martin*), marin hollandais................ XVII
TURENNE, maréchal de France........................ XVII
TYCHO-BRAHÉ, astronome danois.................... XVI

U.

ULPHILAS, évêque des Goths......................... IV
ULPIEN, jurisconsulte romain......................... III

V.

VALDO (*Pierre*), chef des Vaudois................ XII
VALENTINIEN, empereur romain...................... IV
VALENTINIEN III, empereur romain.................. V
VALERIUS-FLACCUS, poëte épique latin............. I
VAN-EYCK (*Jean de Bruges*), peintre flamand.... XI
VASCO (*Loveira*), écrivain portugais.............. XIII
VAUBAN, maréchal de France.......................... XVII
VAUGELAS, grammairien français...................... XVII
VÉGÈCE, écrivain latin................................. IV
VELDECK (*Henri de*), minnesinger ou poëte allem. XII
VENETTE, romancier et chroniqueur français.... XIV
VERGNIAUD, orateur conventionnel français..... XVIII
VERNET (*Joseph*), peintre français XVIII
VÉRONÈSE (*Paul*), peintre italien................ XVI
VESPASIEN, empereur romain......................... I
VESPUCE (*Améric*), navigateur, de Florence..... XV
VIGNOLE, architecte italien.......................... XVI
VILLANI (*Jean*), historien, de Florence........ XIV
VILLE-HARDOUIN, historien français.......... XIII
VILLENA, littérateur espagnol....................... XV
VILLON, poëte français................................ XV
VINCENT *de Paule* (saint).......................... XVII

SIÈCLES.

VINCI (*Léonard de*), peintre, de Florence........ XV
VOLTAIRE, écrivain français.................. XVIII
VOLTERRE (*Daniel de*), peintre italien......... XVI
VORAGINE (*Jacques de*), écrivain théologien.... XIII

W.

WACE (*Robert*), poëte anglo-normand........... XII
WALTER *de Wogelweide*, poëte allemand........ XIII
WARNEFRID (*Paul* , *diacre d'Aquilée*, historien. VIII
WASHINGTON, premier président des États-Unis
  d'Amérique............................. XVIII
WEBER, musicien allemand.................. XIX
WIELAND, littérateur allemand............... XVIII
WILFRID (saint), théologien anglo-saxon........ VII
WILLERAM (*abbé d'Ebersberg*, en Bavière), théol. XI
WITIKIND, héros saxon..................... VIII
WITT (*Jean de*), homme d'État hollandais....... XVII
WLADIMIR *le Grand*, grand-duc de Russie....... X
WOLFRAM *d'Eschenbach*, poëte allemand....... XIII

X.

XIMÉNÈS, cardinal, ministre d'État espagnol..... XV

Y.

YVES *de Chartres*, évêque, savant théologien..... XI

Z.

ZÉNOBIE, reine de Palmyre................. III
ZÉNODORE, sculpteur grec.................. I
ZÉNON, empereur d'Orient.................. V
ZONARA, théologien et historien grec........... XII
ZWINGLE, théologien réformateur suisse......... XVI

ÉPOQUES PRINCIPALES.

A.

	SIÈCLES
ABOUKIR (bataille d')	XVIII
ACADÉMIE *de la Crusca* (établissement de l') (Italie)	XVI
ACADÉMIE *française* (fondation de l')	XVII
ACADÉMIE *des Inscriptions* (établissement de l') de Paris	XVII
ACADÉMIE *des Sciences* (établissem. de l') de Paris	XVII
AÇORES (découverte des îles)	XV
AIX-LA-CHAPELLE (fondation d')	VIII
AIX-LA-CHAPELLE (paix générale d')	XVIII
ALBIGEOIS (croisade contre les)	XIII
ALCANTARA (ordre d')	XIII
ALEXANDRIE, en Piémont (fondation d')	XII
ALGÈBRE sous le califat d'Haroun-al-Raschid	VIII
ALGÈBRE en Europe	X
ALGER (prise et occupation d') par les Français	XIX
ALLEMAGNE (origine de l'empire d')	X
ALLEMAGNE (interrègne en)	XIII
ALLIANCE (traité de la sainte)	XIX
AMBOISE (conjuration d')	XVI
AMÉRIQUE (découverte de l'), *île Saint-Salvador et des Antilles*, par Christophe Colomb	XV
AMÉRIQUE (côtes orientales de l'), découvertes par Améric Vespuce	XV

EPOQUES PRINCIPALES.   53

SIÈCLES.

AMÉRIQUE (guerre de l'indépendance de l') XVIII
AMÉRIQUE (l'Angleterre reconnaît l'indépendance
     des États-Unis d') XVIII
AMIENS (cathédrale d') XIII
AMIENS (traité d') XIX
AMPHITHÉÂTRE *d'Attilius*, à Fidène I
AMSTERDAM (hôtel de ville d') XVII
ANGLAIS, chassés de la Normandie et de la Guienne   XV
ANGLETERRE (conquête de l'), par Guillaume le
     Conquérant XI
ANGLETERRE (corps de lois donné à l') par
     Édouard III XI
ANVERS (flèche de la cathédrale d') XV
ARABES (l'astronomie et la philosophie fleurissent
     chez les) VIII
ARC *de triomphe de l'Étoile* à Paris XIX
ARCHIPEL *des Navigateurs* (découverte de l') et de
     celui *de la Louisiane*, par Bougainville XVIII
ARCOLE (bataille d') XVIII
ARÉOMÈTRE *de Nicholson* XVII
ARIANISME IV
ARLES (commencement du royaume d') X
ARLES (fin du royaume d') *et de Provence* XI
ARMAGNACS *et Bourguignons* XV
ARMOIRIES (les) deviennent héréditaires XI
ARTAXERCE rétablit l'empire des Perses III
ATTILA (défaite d') V
AUSTERLITZ (bataille d') XIX
AUTRICHE (l') est érigée en duché XII
AVIGNON (les papes à) XIV

B.

BAGDAD (fondation de) VIII
BAROMÈTRE inventé par Torricelli XVII

SIÈCLES.

BARTHÉLEMY (massacre de la Saint-)........... XVI
BASILIQUES *ou Recueil de lois*, par Basile, emp. grec IX
BASTILLE (la)............................. XIV
BASTILLE (prise de la), commencement de la révo-
    lution française............................ XVIII
BATEAUX *à vapeur*......................... XIX
BÉARN (réunion du) *et de la Navarre* à la France. XVII
BELGIQUE (révolution en)................... XIX
BÉNÉDICTINS (ordre des)................... VI
BÉRÉZINA (passage de la)................... XIX
BOHÊME (fondation du royaume de)........... XII
BOURGOGNE (réunion de la) à la France........ XV
BOURGUIGNONS (les) se font connaître........ III
BOURGUIGNONS (durée du royaume des)...... V et VI
BOUSSOLE (la) est connue et employée en France. XIII
BOUVINES (bataille de)..................... XIII
BRÉSIL (découverte du), *de la rivière des Amazones
    et de Terre-Neuve*........................... XV
BRÉTIGNY (traité de paix de)............... XIV
BRUXELLES (hôtel de ville de)............... XIV
BULLE *d'or* (publication de la)............... XIV

C.

CAIRE (fondation du)....................... X
CALAIS (Édouard III, roi d'Angleterre, prend)... XIV
CALCÉDOINE (concile de)................... V
CALENDRIER (réformation du), par le pape Gré-
    goire..................................... XVI
CALIFES *Abassides* (origine de la dynastie des)... VIII
CAMBRAY (ligue de), contre Venise........... XVI
CAMBRIDGE (université de)................. X
CAMPO-FORMIO (traité de paix de)........... XVIII
CANARIES (découverte des îles)............... XIV
CANARIES (conquête des), par Jean de Bétancourt. XV

SIÈCLES.

CANON (usage du)   XIV
CANONISATION d'un saint (premier exemple de la)
   saint Uldaric.   X
CANTORBÉRY (cathédrale de).   XII
CAP-VERT (découverte des îles du).   XV
CAP DE BONNE-ESPÉRANCE (découverte du). . . .   XV
CAPITOLE (quatrième incendie du) et de la *fa-*
   meuse bibliothèque.   II
CAPITULAIRES *de Charlemagne*.   IX
CARTES (invention du jeu de), pour amuser
   Charles VI en démence.   XIV
CARTHAGE (prise de), par les musulmans.   VII
CEYLAN (découverte de).   XVI
CHARLEMAGNE détruit les Avares.   VIII
CHARTA MAGNA, *ou Charte des communes libertés,*
   accordée en Angleterre par le roi Jean sans Terre   XIII
CHARTE *constitutionnelle* en France.   XIX
CHIFFRES *arabes*, introduits par Gerbert.   X
CHINE (découverte de la).   XVI
CHRÉTIENS (1re et 2e persécutions contre les). . .   I
CHRÉTIENS (3e et 4e persécutions contre les). . . .   II
CHRÉTIENS (5e, 6e, 7e, 8e et 9e persec. contre les)   III
CHRÉTIENS (10e persécution contre les), paix de
   l'Église.   IV
CHYPRE (fin des rois francs de), par la cession de
   cette île aux Vénitiens.   XV
CLUNY (abbaye de).   X
CODE *civil* des Français.   XIX
COLISÉE (le) à Rome.   I
COLONNE *Trajane* à Rome.   II
COLONNE *Vendôme* à Paris.   XIX
COMMUNES en France (établissement des).   XII
CONGO (découverte du).   XV
CONJURATION *de Cinna*.   I

SIÈCLES.

CONSTANTINOPLE (siége de l'empire romain à).   IV
CONSTANTINOPLE (dédicace de).............   IV
CONSTANTINOPLE (premier concile de)........   IV
CONSTANTINOPLE (second concile de)........   VI
CONSTANTINOPLE (siége de) par les musulmans ;
    usage du feu grégeois......................   VII
CONSTANTINOPLE (cinq empereurs occupent en-
    semble le trône de)......................   X
CONSTANTINOPLE (fin de la domination des
    Francs à)................................   XIII
CONSTANTINOPLE (prise de) par Michel Paléo-
    logue....................................   XIII
CONSTANTINOPLE (prise de) par Ottoman Maho-
    met II, et fin de l'empire grec d'Orient. Fin du
    moyen âge................................   XV
CORSES (les) s'insurgent contre Gênes..........   XVIII
CORSE (cession de la) à la France............   XVIII
CRACOVIE (fondation de)...................   VII
CRÉCY (bataille de)......................   XIV
CROISADE (1re)........................   XI
CROISADE (2e, 3e, 4e et 5e)..............   XII
CROISADE (6e, 7e et 8e)...................   XIII

D.

DACIE (la) province romaine................   II
DANOIS (descente et ravage des) en Angleterre...   VII
DANOIS (invasion des) en Angleterre et en France IX et XI
DANOIS (les) ravagent l'Angleterre............   IX
DANOIS (massacre des) en Angleterre..........   XI
DANOIS (décadence des) en Angleterre.........   XI
DANUBE (pont sur le) près de Zwérin, de 515 toises   II
DAUPHINÉ (le) et le *comté de Montpellier*, réunis
    à la France...........................   XIV
DÉFAITE de Varus..........................   I

SIÈCLES.

DENIS (abbaye de Saint-)....................... XII
DENIS (Saint-) (église actuelle de)............ XII
DIANE (embrasement du temple de) à Éphèse.... III
DIJON (église Notre-Dame à).................. XIII
DIMANCHE (célébration du)................... IV
DRESDE (bataille de)........................ XIX
DROIT *romain* (renaissance du) en Italie........ XII
DYNASTIE (changement de) en France......... XIX

E.

ÉCLAIRAGE au gaz............................. XIX
ÉCLUSE (bataille navale de l')................ XIV
ÉCOSSE (commencement du royaume d')........ VI
ÉCOSSE (Édouard, roi d'Angleterre, s'empare de l') XIII
ÉDIT *perpétuel* (lois données par Adrien)........ II
ÉDIT *de Nantes*............................. XVI
ÉDIT *de Nantes* (révocation de l')............. XVII
EGBERT réunit les sept royaumes et devient roi de
    toute l'Angleterre......................... IX
ÉGLISE *grecque* (origine de l'), séparée de l'Église
    latine.................................. IX
ÉGYPTE (conquête de l') par Omar; destruction
    des restes de la bibliothèque d'Alexandrie....... VII
ÉGYPTE (les Francs en)...................... XIII
ÉGYPTE (réunion de l') à l'empire ottoman...... XVI
ÉGYPTE (conquête de l') par les Français XVIII
ÉLÉPHANT (fondation de l'ordre de l').......... XII
ÉPHÈSE (concile d')........................ V
ÈRE (première année de l') d'Isdegerde, dernier roi
    de Perse............................... VII
ESCURIAL (palais de l') en Espagne............ XVI
ESPRIT (institution de l'ordre du Saint-)........ XVI
ÉTATS *généraux* (dernière assemblée des) à Paris
    jusqu'en 1789............................. XVII

SIÈCLES

ÉTATS *généraux* (convocation des)............ XVIII
ÉTOILE (ordre de l')...................... XIV

F.

FAMINE (grande) à Rome..................... I
FATIMITES (élévation des) au califat d'Afrique... X
FATIMITES (fin des) en Égypte............... XII
FINLANDE (les Suédois s'emparent de la)....... XII
FLEURUS (bataille de)..................... XVIII
FLORENCE (cathédrale de)................... XIII
FLORENCE (campanile de la cathédrale de)...... XIV
FLORENCE (coupole de la cathédrale de)....... XIV
FLORIDE (découverte de la)................. XVI
FONTAINEBLEAU (château de) commencé...... XII
FONTENAY (bataille de) entre l'empereur Lothaire
    et ses frères........................... IX
FRANÇAIS (descente des) en Angleterre........ XIV et XV
FRANCE (fin de la première race des rois de)..... VIII
FRANCE (les duchés de Bourgogne, de Normandie,
    les comtés de Toulouse et de Champagne, réu-
    nis à la)............................ XIV
FRANCE (première alliance entre la) et les Suisses. XV
FRANCE (ligue contre la)................... XVI
FRANCS (commencement de la domination des)
    dans les Gaules......................... V
FRANCS (siége de l'empire des) établi à Paris... VI
FRÉDÉRIC *Barberousse* (prise de Rome par)..... XII
FRIBOURG (flèche de)...................... XIV
FRIEDLAND (bataille de).................... XIX
FRONDE (troubles de la) en France........... XVII
FULDE (fondation de l'abbaye de) en Allemagne.. VIII

G.

GALLES (réunion de la principauté de) à la cou-
    ronne d'Angleterre....................... XIII

SIÈCLES.

GÈNES reprend son indépendance.............. XV
GÈNES en république, après avoir chassé les Autrich. XVIII
GENEVIÈVE (église de Sainte-), *le Panthéon*, à Paris XVIII
GLOBE (les académiciens français démontrent l'apla-
  tissement du)........................ XVIII
GOMBETTE (loi), duel judiciaire.............. VI
GRANDE-BRETAGNE (la) réduite en province rom. I
GRAVURE (la) sur cuivre s'annonce par les Nielles XV
GRÈCE (la) réduite en province romaine........ I
GRECS (les savants) se réfugient en Italie........ XV
GRECS (première insurrection des)............ XIX
GUELFES ET GIBELINS (commenc. des guerres des) XIII
GUERRE (première) entre la France et l'Angle-
  terre; origine de la rivalité entre les deux États. XI
GUERRE (renouvellement de la) entre la France et
  l'Angleterre........................... XIV
GUERRE *civile* (la) s'allume en France.......... XV
GUERRE *du bien public* en France............ XV
GUERRES (commencement des) sanglantes des mai-
  sons d'York et de Lancastre, ou de la Rose blanche
  et de la Rose rouge, en Angleterre............ XV
GUERRES *de religion*, en France (commencem. des) XVI
GUERRE *de trente ans*...................... XVII
GUERRE *de Hollande*...................... XVII
GUERRE *de sept ans*, terminée par la paix de Hu-
  bertsbourg............................ XVIII
GUIENNE (la) réunie à la France.............. XV

II.

HABEAS CORPUS (les communes d'Angleterre ob-
  tiennent le bill de l').................... XVII
HASTINGS (bataille d'), et fin de la domination
  anglo-saxone en Angleterre................ XI
HÉGIRE (première année de l').............. VII

SIÈCLES.

HELVÉTIQUE (Guillaume Tell établit la confédé-
ration).. XIV
HENRI IV (entrée de) à Paris................. XVI
HERCULANUM (premières découvertes d')...... XVIII
HORLOGE *à rouage*, donnée à Pepin le Bref par le
pape Paul Ier........................... VIII
HORLOGE *à balancier*, inventée par Gerbert..... X
HUNS (destruction du grand empire des anciens);
une partie de ces peuples s'établit auprès du Volga I
HUNS (débordement des)...................... IV

I.

ICONOCLASTES.................................. VIII
IÉNA (bataille d')........................... XIX
IMPRIMERIE (invention de l') *en caractères mobiles* XV
IMPRIMERIE (l') s'introduit en France.......... XV
IMPRIMERIE en Angleterre...................... XV
IMPRIMERIE *royale* (établissement de l') et du Col-
lége de France par François Ier........... XVI
INDICTION (première)......................... IV
ISLANDE (découverte de l')................... IX
IVRI (bataille d') gagnée par Henri IV.......... XVI

J.

JAGELLONS (la race des) s'éteint en Pologne.... XVI
JAPON (découverte du)........................ XVI
JARRETIÈRE (institution de l'ordre de la)....... XIV
JASSI (paix de) entre la Russie et la Porte ottomane XVIII
JEAN (Saint-) *de Jérusalem* (création de l'ordre de) XI
JEMMAPES (bataille de)...................... XVIII
JÉRUSALEM détruite............................ I
JÉSUITES (institution des)................... XVI
JÉSUITES (suppression des)................... XVIII
JEUX *floraux* (origine des) à Toulouse.......... XIV

SIÈCLES.

JUIFS (révolte et soumission des)............. II
JUIFS (dispersion finale des)................ II
JUSTICES *de paix* instituées en Angleterre....... XII
JUSTINIANEUM (corpus juris)................ VI
JUSTINIEN (première publication du code de).... VI

L.

LANCASTRE (fin de la maison de) en Angleterre ;
    Édouard IV, premier roi de la maison d'York.... XV
LANGUEDOC (canal de)..................... XVII
LAS-PARTIDAS, recueil de lois donné par Al-
    phonse X aux Espagnols.................... XIII
LATRAN (premier, second et troisième conciles de) XII
LATRAN (quatrième concile de)............. XIII
LÉGION *d'honneur* (institution de la)......... XIX
LEIPSIG (bataille de)....................... XIX
LÉON (réunion des royaumes de) et de *Castille*... XIII
LÉPANTE (bataille de)...................... XVI
LIGUE (troubles de la) en France............. XVI
LIS (les fleurs de) réduites à trois dans l'écusson de
    France sous Charles VI..................... XIV
LISBONNE (grand tremblement de terre à)....... XVIII
LITHOGRAPHIE (invention de la) par Aloys Sen-
    nefelder................................ XIX
LODI (combat de)......................... XVIII
LOGARITHMES, par Nepper................. XVII
LOI *salique*, qui exclut les filles du trône de France V
LOMBARDS (les) s'établissent en Pannonie....... VI
LOMBARDS (commencement du royaume des) en
    Italie.................................... VI
LOMBARDS (fin du royaume des) en Italie....... VIII
LONDRES (tour de)........................ XI
LONDRES (église de Saint-Paul de)........... XVII
LOUIS (ordre de Saint-)..................... XVII

SIÈCLES.

LOUVRE (vieux) à Paris.......................... XVI
LOUVRE (colonnade du)...................... XVII
LUMIÈRE (vitesse de la) calculée par Roëmer.... XVII
LUNETTES *à lire* (les) sont connues en France... XIII
LUNETTES *achromatiques* (découverte des) par
  Dollon.. XVIII
LUNÉVILLE (traité de paix de).................. XIX
LUTHER prêche la réforme XVI
LUXEMBOURG (palais du) à Paris............. XVII
LYON (premier et second conciles de).......... XIII

M.

MACHINE *pneumatique*...................... XVII
MACHINE *à vapeur*........................... XVIII
MADAGASCAR (découverte de)............... XVI
MADÈRE (découverte de) par les Portugais...... XV
MAGELLAN découvre la terre de Feu et les Philip-
  pines... XVI
MAHOMÉTANS (décadence des) en Espagne...... XI
MARENGO (bataille de)....................... XIX
MARIGNAN (bataille de)...................... XVI
MAURES (expulsion définitive des) de l'Espagne.. XVII
MER *du sud* (découverte de la)............... XVI
MERCURE (découverte de la rotation de la planète
  de) par Schrœter XVIII
MÉRIDIEN (mesure d'un axe du) par Fernel...... XVI
MÉROVINGIENNE (fin de la puissance) en France VII
MEXIQUE (découverte du)... XVI
MEXIQUE (indépendance du)................. XIX
MICHEL (institution de l'ordre de Saint-) en France XV
MILAN (dôme de la cathédrale de)............. XIV
MILAN (lazaret de)...................... XV et XVI
MISSI *dominici* de Charlemagne,............. IX
MISSISSIPI (découverte du).................. XVI

SIÈCLES.

MONASTÈRE (premier)........................ III
MONASTÈRE *de Ligugé*, près de Poitiers, le plus
    ancien de France......................... IV
MONTMIRAIL (combat de)................... XIX
MOSCOU (occupation et incendie de)........... XIX
MOSCOWA (bataille de la)................... XIX
MOYEN AGE (commencement du)............. VII
MOYEN AGE (fin du)....................... XV
MUSIQUE (Guido d'Arezzo substitue les notes aux
    lettres pour écrire la)..................... XI

N.

NAPLES (origine du royaume de)............. XI
NAPLES (les Français quittent), qui reste à la maison
    d'Aragon................................ XVI
NICÉE (concile de)......................... IV
NICÉE (les Turcs s'emparent de)............... XIV
NICOPOLI (bataille de)..................... XIV
NIMÈGUE (paix de)....................... XVII
NORMANDS (première invasion des) en France... IX
NORMANDS (siège de Paris par les)........... IX
NORWÉGE (introduction du christianisme en)... XI
NOTRE-DAME *de Paris* (construction de la cathé-
    drale de), terminée en 1351................ XI

O.

OBÉLISQUE *de Louqsor*, amené d'Égypte et élevé
    sur la place Louis XV à Paris................ XIX
OCCIDENT (fin de l'empire d').............. V
OCKLAY (bataille d'), victoire des Anglais sur les
    Danois.................................. IX
OGIVE (introduction de l'), architecture gothique. XI
OMMIADES (fin des califes) en Espagne......... XI
ORGUE (premier) en France................. VIII

SIÈCLES

ORGUES (introduction des) dans les églises....... VII
ORIFLAMME sous Louis le Gros.............. XII
ORLÉANS (siége d') par les Anglais.......... ,.... XV
OSTROGOTHS (fin de la domination des) en Italie VI
OVIÉDO (fondation d') par Froïla............ VIII
OXYGÈNE (découverte de l') par Cavendish...... XVIII

P.

PALMYRE (destruction et ruine de)............ III
PANORAMA (premier) à Paris.............. XIX
PANTHÉON (du); on fait l'église Sainte-Marie de
    la Rotonde à Rome..................... VII
PAPES (commencement de la domination temporelle
    des)........................... VIII
PAPIER *de linge* (fabrique de) établie à Nuremberg XIV
PARATONNERRES (invention des)........... XVIII
PARIS (traités de paix de) avec les puissances alliées XIX
PAVIE (bataille de)..................... XVI
PEINTURE *à l'huile* (Jean Van-Eyck trouve le se-
    cret de la)....................... XV
PESTE extraordinaire à Rome.............. I
PÉTERSBOURG (fondation de Saint-) par Pierre le
    Grand.......................... XVIII
PÉTERSBOURG (fondation de l'académie des
    sciences à Saint-)................... XVIII
PISE (cathédrale de)................... XI
PISE (Campo-Santo à)................... XIII
PLANTAGENETS (avénement des) à la couronne
    d'Angleterre....................... XII
POISSY (colloque de)................... XVI
POITIERS (bataille de), où Charles Martel bat les
    Sarrasins....................... VIII
POITIERS (bataille de), où Jean II, roi de France, est
    pris par les Anglais.................. XIV

SIÈCLES.

POLOGNE (guerre de la succession de)......... XVIII

POLOGNE (partage de la)................. XVIII

POMPEIA (découverte de).................. XVIII

PORTO-SANTO (découverte de) par les Portugais. XV

PORTUGAL (le) se sépare de l'Espagne ; la maison
de Bragance parvient au trône................ XVII

POSTES (Louis XI institue les)............... XV

POUDRE *à canon* (invention de la) par Berthold
Schwartz.............................. IV

PRAGMATIQUE sanction.................... XIII

PRESBOURG (traité de paix de)............. XIX

PRÉTORIENS (l'empire romain mis à l'encan par
les)................................... II

PROVENCE (fondation du royaume de)......... IX

PULTAVA (Charles XII battu par les Russes à)... XVIII

PYRAMIDES (bataille des)................. XVIII

PYRÉNÉES (paix des)..................... XVII

Q.

QUERCY (le roi d'Angleterre renonce au XIII

R.

RÉFRACTION *astronomique* (Descartes fait connaître la)............................... XVII

REIMS (cathédrale de) rebâtie................ XIII

RÉPUBLIQUE (établissement de la) en Angleterre. XVII

RÉPUBLIQUE (la) est proclamée en France....... XVIII

RÉPUBLIQUES *italiennes* du moyen âge (origine des) XII

RHODES (prise de) par les Sarrasins ; le Colosse est
mis en pièces.................... VII

RIVOLI (bataille de)..................... XVIII

ROCROY (bataille de)..................... XVII

ROMAINE (fin de la domination) en Afrique....... VII

SIÈCLES.

ROMANZOW (avénement de la maison de) au trône
de Russie...................................... XVII
ROME (incendie à)............................ I
ROME (Saint-Pierre de)........................ XVI
ROME (coupole de Saint-Pierre de) terminée..... XVI
RONCEVAUX (bataille de)...................... VIII
RUSSE (fondation de la monarchie) par Rurik..... IX

S.

SAINT-JEAN *d'Acre* (prise de) par les Francs.... XII
SALIQUE (loi) excluant les filles du trône de France V
SALISBURY (cathédrale de)..................... XIII
SARDAIGNE (la) est érigée en royaume.......... XII
SARRASINS (les) en Provence.................. VIII
SARRASINS (les) marchent sur Rome........... IX
SARRASINS (les) chassés de la vieille Castille par
Ferdinand Ier XI
SARRASINS en Espagne......................... XII
SÉRAPIS (embrasement du temple de) à Alexandrie II
SÉRAPIS (le temple de) à Alexandrie est détruit.. IV
SIBÉRIE (découverte de la) par les Cosaques..... XVI
SICILE (tremblement de terre qui ravage la)..... IV
SIGISMOND-WASA, roi de Pologne, y réunit la Suède XVI
SOISSONS (bataille de), fin de la domination des
Romains dans les Gaules........................ V
SOLEIL (observation des taches du) et de sa rota-
tion , par Galilée.............................. XVII
SONDE (découverte des îles de la) et des Moluques XVI
SOPHIE (dédicace de l'église de Sainte-) à Constan-
tinople....................................... VI
STRASBOURG (cathédrale de), terminée en 1275. XI
STRASBOURG (tour de la cathédrale de)....... XIII et XIV
STUARTS (avénement des) au trône d'Angleterre
par Jacques Ier XVII

SIÈCLES

SYRIE (les Francs quittent la). XIII

T.

TAM ou TANG (commencement de la dynastie des)   VII
TÉLÉGRAPHES (établissement des) en France, par
   Chappe. XVIII
TÉLESCOPE *de Newton*. XVII
TEMPLE *de la paix*, à Rome. I
TEMPLIERS (fondation de l'ordre des). XII
TEMPLIERS (condamnation des). XIV
THÉODORIC publie le code de ses lois. V
THÉODOSIEN (code). V
THERMOMÈTRE (le) est inventé. XVI
TILSITT (traité de paix de). XIX
TOLBIAC (bataille de). V
TOLENTINO (traité de paix de). XVIII
TRAFALGAR (combat de). XIX
TREMBLEMENT *de terre* en Asie, qui renverse
   treize villes. I
TRINITÉ (île de la), côtes orientales d'Afrique, côte
   du Malabar, découvertes par Améric Vespuce . . . XV
TRIOMPHE (dernier) à Rome. I
TUILERIES (Catherine de Médicis fait commencer
   les) à Paris. XVI
TURCS (les) en Italie. XV
TURIN (église et monastère de la *Superga* près de). XVIII

U.

UNION (acte d') de l'Angleterre et de l'Écosse. . . . XVIII
UPSAL (cathédrale d'). XII
UTRECHT (paix d'). XVIII

V.

VACCINE (découverte de la) par Jenner. XVIII

SIÈCLES.

VALMY (combat de)........................ XVIII

VANDALES (second sac de Rome par les)....... V

VANDALES, Alains et Suèves (invasion des), en
Espagne................................. V

VANDALES (durée du royaume des) en Afrique... V et VI

VÉNAISSIN (le comtat) donné au pape......... XIII

VÉNAISSIN (le comtat) réuni à la France....... XVIII

VENCESLAS vend la liberté des villes d'Allemagne à
des seigneurs............................ XIV

VENISE (fondation de)..................... V

VENISE (église de Saint-Marc à)............. IX

VENISE (le livre d'*or* à); l'aristocratie commence à
s'établir................................ XIII

VENISE (guerre entre) et le sultan ottoman....... XVI

VÊPRES *siciliennes*........................ XIII

VERDUN (traité de) entre l'empereur Lothaire et
ses frères............................... IX

VERS *à soie* (la graine de) arrive plus abondam-
ment des Indes.......................... VI

VERS *à soie* (introduction des) et du mûrier en
France................................. XVI

VERSAILLES (château de).................. XVII

VÉSUVE (éruption du); destruction d'Herculanum
et de Pompéïa........................... I

VÉSUVE (éruption du)..................... V

VIENNE en Dauphiné (cathédrale de), terminée en
1533................................... XI

VIENNE en Dauphiné (concile de).......... XIV

VIENNE (paix de), qui cède la Lorraine à la France XVIII

VIENNE (traité de paix de) entre la France et l'Autriche.................................. XIX

VISIGOTHS (premier sac de Rome par les)....... V

VULGATE (*S. Codicis versio vulgata vetus seu Itala*   III

W.

	SIÈCLES.
WAGRAM (bataille de)......................	XIX
WATERLOO (bataille de)......................	XIX
WESTMINSTER (abbaye de)...................	VII
WESTPHALIE (paix de); l'Alsace est réunie à la France..	XVII

X.

| XÉRÈS (bataille de), en Espagne.............. | VIII |

Y.

| YORK (cathédrale d') rebâtie ; terminée en 1426... | XI |

ERRATA.

SIÈCLES.

NOTRE-DAME DE PARIS; *au lieu de* XI *lisez*.... XII
POUDRE à canon; *au lieu de* IV *lisez*........... XIV

SUPPLÉMENT.

SIÈCLES.

ABBAYE DE CLAIRVAUX.................... XII
ALMANACH ROYAL....................... XVII
ANJOU ((avènement de la maison d') au trône de Naples.............................. XIII
ANVERS (siége et prise de la citadelle d')........ XIX
BERLIN (fondation de l'Académie des sciences de). XVII
CHOLÉRA à Paris...................... XIX
CONCILE DE TRENTE.................... XVI
ÉCOLE POLYTECHNIQUE (fondation de l')...... XVIII
ENSEIGNEMENT MUTUEL en France......... XIX
FONTENOY (bataille de)................... XVIII
INSTITUT NATIONAL (fondation de l')........ XVIII
NORMANDS (les) en Italie et en Sicile.......... XI et XII
POMME DE TERRE importée d'Amérique en Europe XVII
QUADRUPLE ALLIANCE (traité de la)........ XIX

ALFIERI, poète trag. italien.................. XVIII
BERNARDIN DE SAINT-PIERRE, écrivain franç.. XVIII
BERTHOLET, chimiste français................. XVIII
CHARLES X, roi de France................... XIX

	SIÈCLES.
DONATELLO, sculpteur de Florence	XV
EULER (*Léonard*), géomètre, de Bâle	XVIII
FONTANA, architecte italien	XVI
FOURCROY, chimiste français	XVIII
LALANDE, astronome français	XVIII
LEBRUN, peintre français	XVII
LE SUEUR, peintre français	XVII
MABILLON, écrivain français	XVII
MANSART, architecte français	XVII
PALISSY (*Bernard*), célèbre par ses émaux à Limoges	XVI
PARÉ (*Ambroise*), chirurgien français	XVI
ROLLIN, littérateur et historien français	XVII
VASARI, peintre et écrivain italien	XVI
VISCONTI (E. Q.), antiquaire, né à Rome	XVIII